死者たちは、いまだ眠れず

「慰霊」の意味を問う

大田昌秀［著］

新泉社

はじめに

さる太平洋戦争で日米最後の決戦となった沖縄戦。そのまた最後の戦場の摩文仁《まぶに》が丘一帯の戦場跡は、日本で唯一の国定戦跡公園に指定されています。

そこを中心に沖縄全域には、四〇〇基を超す「慰霊の塔」が散在しています。いずれも地元沖縄をはじめ日本全国から動員されて沖縄戦に参戦し、負け戦《まいくさ》による無残な死をとげた二〇万余の戦没者を追悼するため、それぞれの出身地の行政当局や遺族のほか、かつての戦友や関係者たちが、無量の情感をこめて建てたものです。

それらの塔は、たんなるモニュメントではありません。四〇〇基余の慰霊の塔や碑は、その形や規模が異なっているだけでなく、その「碑文」もそれぞれ異なった意味合いがあり、訪れる人たちにそれなりに何事かを訴えています。

摩文仁の海岸に打ち寄せる潮騒や吹き荒ぶ海風は、まるでこの荒涼たる最果ての地で不遇の死をとげた二〇万余の死者たちの怒り、悲しみ、苦しさを伝えるかのように終日海鳴りをともなって戦跡地一帯を覆っています。

わたしは、戦時中、沖縄師範学校の本科二年に在学していましたが、県下の他の男子中等学校生徒たちと同じく、沖縄守備軍の命令で軍に動員されました。そして学徒隊からなる鉄血勤皇隊《てっけつきんのうたい》の一員として、軍人同様に武器をとって激闘の戦場に投入されました。

一九四五（昭和二〇）年も半ばを過ぎると、日本軍にとって、負け戦の沖縄本島南部の戦場は、まるで「人間屠殺場」ともいうべき凄惨きわまる断末魔の様相を呈していました。そこでは、対敵同士の殺し合いどころか、わずかの水や食糧を奪い合って味方同士までが殺し合う無間《むけん》地獄そのものでした。

わたしは、その激闘の戦場から奇跡的に生きのびて以来、敗戦後六〇年余の今日にいたるまで、この死闘の実相を一日も忘れたことはありません。多感な一〇代のころの戦争体験だけに、しかも多くの親しい学友たちのかけがえのない若い命を奪われたこともあって、忘れたくても忘れようがないのです。

もはや二度と会うことも叶《かな》わぬ親しい人たちの無残な死にざまを目の当たりにしてわたしは、心の底から戦争を呪い、憎まずにはおれませんでした。思えば、敗戦までのわたしの人生は、文字どおり戦争に出るための「準備期間」でしかなかったからです。そんなこともあって、敗戦後のわたしの「余生」は、むごたらしい死をとげた恩師や学友たちのいわば「慰霊の道のり」にほかなりませんでした。

この間、わたしは、恩師や学友たちを祀る慰霊の塔の建立にかかわってきました。また、沖縄県民の物心両面でのご支援、ご協力を得て、あまたの慰霊の塔の集大成ともいうべき、長年の念願だった「平和の礎《いしじ》」の建立も、戦後五〇周年の節目の年にやっと実現することができました。

しかし、近年、政府首脳の靖国神社への参拝が近隣アジア諸国との間で外交問題化している事態が象徴的に示すとおり、いまでは太平洋戦争における死者たちへの慰霊ということばの本来の意味が、歪曲されているように思われてなりません。

そのため、改めて戦没者に対する慰霊とは何か、が問い直されなければならない、と考えるようになりました。わたしは、二度と再び自らの国を戦場化し、人間同士が殺りくを繰り返すことのない明るい平和な未来を創り出すためにも、いま一度、自分がこれまでかかわってきた死者たちへの慰霊の道のりについて、振り返ってみることにしました。

それは、一面では、いまだ痛みをともなって疼《うず》き続けてやまない戦争の古傷を悪化させかねないのですが、あえて読者一人ひとりと、ことばの真の意味での慰霊について再考してみたいからであります。

二〇〇六年八月

大田昌秀

目次

はじめに　3

I　沖縄・「慰霊の塔」はいま――14

1　沖縄県平和祈念資料館・掲示板　14
2　慰霊の塔の碑文調査　17
3　「京都の塔」と激戦地・嘉数　27
4　大田実少将の美化　30
5　「黎明之塔」と沖縄守備軍首脳の美化　35
6　岡本太郎氏の批判　42

II 「慰霊の塔」が語る沖縄戦の実相——48

1 対馬丸の遭難と「小桜の塔」 48
2 「集団自決」と「白玉之塔」「平和之塔」ほか 59
3 戦争マラリア事件と「慰霊之碑」「忘勿石の碑」 78
4 「石垣島事件」と「米軍飛行士慰霊碑」 85
5 「久米島事件」と「痛恨之碑」 96
6 朝鮮人強制連行と慰霊の塔 115

III わたしの慰霊の軌跡——124

1 戦場からの生還 124
2 何が間違っていたのか 128

3 占領下の遺骨収集 137
4 金城和信と「魂魄の塔」 149
5 「平和の像」建立へ 160

IV 「平和の礎」と非戦の誓い―― 173

1 「平和の礎」建立の経過とその理念 173
2 「平和の礎」は、非戦の誓いの塔 185
3 「平和の礎」の課題 192

V 「慰霊」の意味を問う―― 210

1 沖縄にとって「慰霊の日」とは 210

2　許されない沖縄の靖国化　221
3　軍隊は国民の生命・財産を守り得るか　232
4　沖縄の平和思想を生かす　242
5　慰霊とわたしたちの責任　256
あとがき　268

装幀　勝木雄二

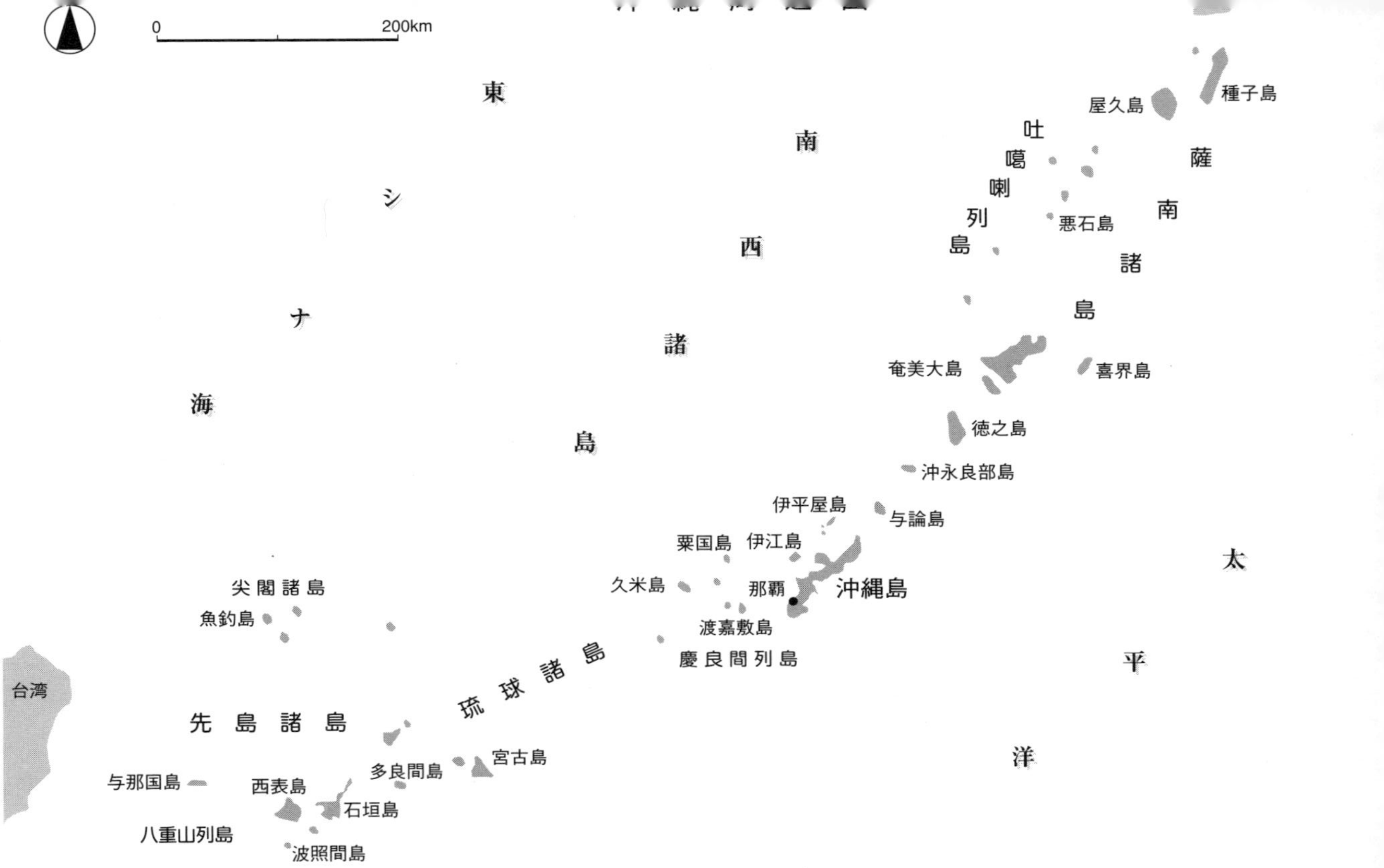
0
200km
東シナ海
南西諸島
吐噶喇列島
薩南諸島
種子島
屋久島
悪石島
奄美大島
喜界島
徳之島
沖永良部島
与論島
伊平屋島
伊江島
粟国島
久米島
那覇
沖縄島
渡嘉敷島
慶良間列島
太平洋
尖閣諸島
魚釣島
台湾
琉球諸島
先島諸島
宮古島
多良間島
与那国島
西表島
石垣島
八重山列島
波照間島

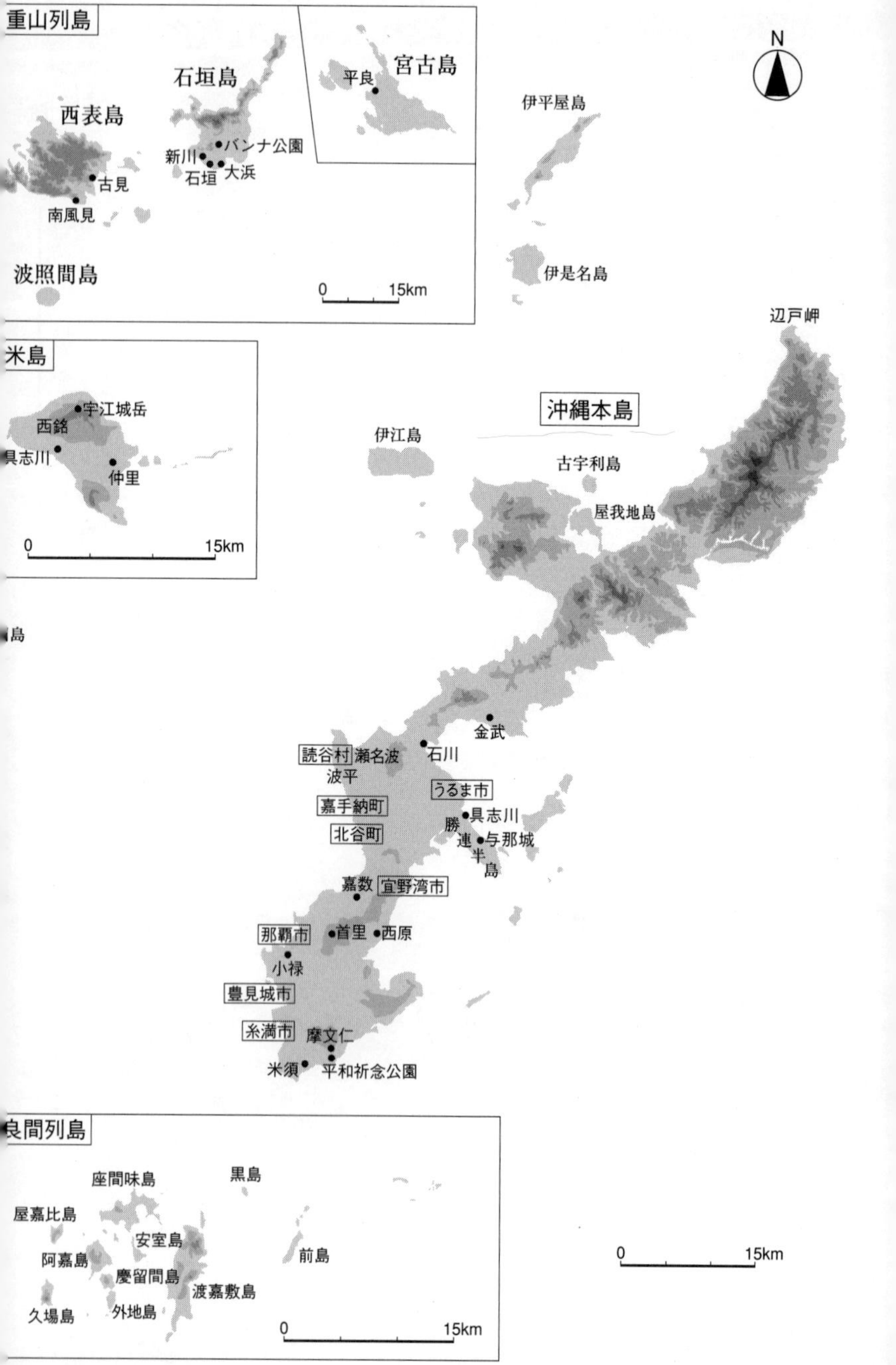
重山列島
石垣島
西表島
バンナ公園
新川
石垣
大浜
古見
南風見
波照間島
宮古島
平良
0
15km
N
伊平屋島
伊是名島
辺戸岬
米島
宇江城岳
西銘
具志川
仲里
0
15km
沖縄本島
伊江島
古宇利島
屋我地島
島
金武
石川
読谷村
瀬名波
波平
うるま市
嘉手納町
具志川
勝
連
半
島
与那城
北谷町
嘉数
宜野湾市
那覇市
首里
西原
小禄
豊見城市
糸満市
摩文仁
米須
平和祈念公園
良間列島
座間味島
黒島
屋嘉比島
安室島
阿嘉島
前島
慶留間島
渡嘉敷島
久場島
外地島
0
15km
0
15km

死者たちは、いまだ眠れず——「慰霊」の意味を問う

Ⅰ　沖縄・「慰霊の塔」はいま

1　沖縄県平和祈念資料館・掲示板

　さる太平洋戦争での敗戦後、六〇余年の歳月があっという間に過ぎ去りました。その間に戦争を体験したいわゆる戦中世代が急速に減少するにつれ、戦争の教訓も目立って希薄になってきたように思います。それにともない、摩文仁《まぶに》が丘一帯に林立する日本全国の各都道府県が建立した「慰霊の塔」のもつ意味も希薄となり、あいまいにされつつあります。その結果、いわゆる戦中派が戦場において「二度と再び銃を執《と》るまい」と固く誓ったはずの決意も、年を経るごとに弱まっていることは否めません。と言うよりこのごろは、雲《うん》散《さん》霧《む》消《しょう》さえしかねない実情です。それどころか、政府や一部政・財界人をはじめ軍事専門家や自衛隊首脳の中には、戦争で、心身にいまだ癒えることのないほど深い傷を負った人たちの悲痛な思いとは裏腹に、沖縄戦の教訓を来るべきつぎの戦争に活用しようと図っている人たちさえいるのです。

彼らは、沖縄戦で犠牲になった二十数万人におよぶ人間のおびただしい死について、ほとんど苦にもしなければ考えようともしないようです。ましてや戦時中に、旧日本軍が二〇〇〇万人余とも言われる近隣諸国民の尊い命を犠牲にした加害責任についても、考慮外どころか、事実そのものを否定するしまつ。これでは、沖縄各地に建立された慰霊の塔の意義も、すっかり失われてしまうほかはありません。

太平洋戦争末期の沖縄戦で、沖縄守備軍首脳が自決して果てた摩文仁が丘の麓《ふもと》にある沖縄県平和祈念資料館の掲示板には、つぎのような言葉が記されています。

「沖縄戦の実相にふれるたびに
戦争というものは
これほど残忍で　これほど汚辱にまみれたものはない
と思うのです

この　なまなましい体験の前では
いかなる人でも
戦争を肯定し美化することは　できないはずです
戦争をおこすのは　たしかに　人間です
しかし　それ以上に
戦争を許さない努力のできるのも
私たち　人間　ではないでしょうか
戦後このかた　私たちは
あらゆる戦争を憎み
平和な島を建設せねば　と思いつづけてきました
これが
あまりにも大きすぎた代償を払って得た
ゆずることのできない
私たちの信条なのです」

この文章はおそらく、沖縄の大多数の人たちの気持ちを代弁したものと言ってもけっして過言ではありません。

戦争の残忍さと言えば、このようにひとたび戦争が始まると、「人間が人間でなくなってしまう」悪行がいたるところで展開されるのです。

にもかかわらず、摩文仁が丘一帯の慰霊の塔は言うにおよばず、沖縄の各地に散在する慰霊の塔の碑文には、沖縄住民の切実な思いとはかけ離れているものが少なくありません。いきおい、急速な右傾化現象に乗じて、一部の政府首脳や自衛隊首脳の間に沖縄戦の教訓を逆用する動きが出てくるのも自然の勢いと言えます。

2　慰霊の塔の碑文調査

わたしの手元に、古い資料ですが、「靖国神社国営化反対沖縄キリスト者連絡会」の手になる『戦争賛美に異議あり！―沖縄における慰霊塔碑文調査報告―』という小冊子があります。これを見ると、問題を含んだ碑文が少なくないことがよくわかります。

同連絡会は、一四〇基の慰霊の塔の碑文の調査に二年ほどの歳月をかけたようですが、代表の平良修《たいらおさむ》さんは、ことが死者にかかわる厳粛なものであり、かつまた、なまなましい痛みを負い続ける遺族の心の深いところに触れる作業なので、終始、真摯《しんし》な姿勢で調査に当たったとして、調査の目的をこう明かしています。

「悲惨な戦争体験をくり返してはならない、また、くり返させてもならない、無数の戦没者の死を平和実現へのバネとして意味あらしめなければならない。私たちの意図は徹頭徹尾この平和希求にありました。そのために、戦没者を祀る慰霊塔碑文の中に、今を生きる日本国民の心がどのように反映させられているかを見ることにしました。」

こうして調査の結果、碑文の内容は、(1)戦争、戦死の肯定賛美、(2)愛国、憂国の心情を吐露したもの、(3)平和への願望を述べたもの、(4)慰霊のことば、(5)戦争に従事したことへの悔悟《かいご》の表現、(6)反戦への決意を述べたもの、(7)沖縄のとらえ方を示すもの、(8)沖縄との友好、連帯感を述べたもの、(9)戦闘(死)経過、もしくは塔建立の経過を記したもの、に大別できるようです。

ところで、調査に携わった人たちが指摘しなければならない、と共通に感じた最大のものは、「調査したすべての碑文をとおして、あの戦争についての、もっと正確に言うと、自分らの戦争への加担についての罪責《ざいせき》の自覚が見当たらない」という点であります。つまり、戦争に協力して手を汚したはずの人たちの痛苦《つうく》の反省の声が、群立する慰霊の塔からはまるで聞こえてこないと言うのです。

では、いったい実際の碑文は、どうなっているのでしょうか。

調査結果を見ると、**「ひめゆりの塔」**や**「魂魄《こんぱく》の塔」**などのように、一九四〇年代に建てられた慰霊の塔は、いずれも地元の人たちが建てたものですが、それらの塔に目立つことは、碑文がなかったり、あっても戦死の事実をたんたんと記述しただけのものです。

ついで一九五〇年代に建てられた二一基の塔のうち、県外の人たちが建立したのは北海道の塔**「北霊碑」**一つだけで、残りは戦死した沖縄県知事や県職員を祀った**「島守《しまもり》之塔」**や私立昭和女学校生徒を祀った**「梯梧《でいご》之塔」**、あるいは**「沖縄師範健児之塔」**など、地元の生存者たちによって建てられたものです。これらの塔の多くも碑文は記してないか、たんに戦時中の事実経過を記してあるだけのものです。

ちなみに「沖縄師範健児之塔」に隣接する**「平和の像」**の碑文は、わたしが書いたもの

ひめゆりの塔（糸満市字伊原、一九八〇年ごろの撮影）
沖縄師範学校女子部、沖縄県立第一高等女学校の戦没職員、生徒を祀る。両校の生徒たちで編成された部隊（戦後、ひめゆり部隊と称される）は、師範女子部から一五七人、第一高女から六五人が動員され、南風原の沖縄陸軍病院に準従軍看護婦として勤務、あわせて一二三人の犠牲者を出した。なお近くには、引率教師の一人、仲宗根政善先生が後に詠んだ歌碑「いわまくら　かたくもあらん　やすらかに　ねむれとぞいのる　まなびのともは」が立つ。

陸軍病院
第三外科 職員之碑

島守之塔（糸満市字摩文仁、一九五四年ごろの撮影）
島田叡（あきら）沖縄県知事、荒井退造警察部長ほか戦没した県庁職員四五三人を祀る。沖縄県庁は、沖縄戦が始まるとともに、首里の守備軍司令部付近に移動。職員は、後方指導挺身隊、警察警備隊を組織して、住民の士気昂揚、夜間増産運動、壕生活の指導など、戦場行政にあたったが、五月末、南部へ移動後、解散となった。島田知事（当時四四歳）は、一九四五年一月三一日、米軍の上陸必至となった沖縄へ赴任、県民の疎開業務や食糧の確保など、緊急問題の解決に着手した。沖縄戦が始まると壕内で指揮をとったが、六月下旬、戦場で行方を絶った。

戦歿沖縄縣職員

ですが、それもたんに事の経緯を述べたにすぎません。

わたしなどと同じく他の鉄血勤皇隊員や女子学徒隊員たちは、人生で最も多感な一〇代に、戦場で人間同士が殺し合う修羅場《しゅらば》で、無数の学友たちの若い命がつぎつぎと砲弾の餌《え》食《じき》にされる場面に立ち合っただけに、いかなる美辞麗句をもってしても死者たちを慰撫《いぶ》することはできないとの思いを禁じ得ないにちがいありません。

ところが、一九六〇年代に建てられた七三基の塔のうち、四二基は他府県の人びとによって建立されたものですが、そのうち三二基の塔の碑文は、どちらかと言えば戦争や戦死を肯定し、美化する調子の文言を含んでいるとのことです。

たとえば、「祖国防衛の御楯《みたて》として……散華《さんげ》……したまい」とか「大東亜戦争において祖国防衛のため惜しくも散華した」とか、あるいは「一身を捧げて国難に殉《じゅん》ぜられた」、あるいは「国体護持の大義に殉じた」といったようなものがその例のようです。

また、地元の沖縄遺族連合会の手になる二〇基の塔のうち一五基の塔には、同じく戦争を肯定し、戦死を美化する調子の文言があるというのも指摘しなければなりません。つまり、県内外の慰霊の塔を問わず、問題含みの碑文がいくつもあるというわけです。なかには、「ながくその忠勇を顕彰し」とか「不滅の偉勲《いくん》をたたえ」「自刃悠久《ゆうきゅう》の大義に生く」

といった大げさな表現のものまであります。

この点について、碑文の総括的検討に当たった琉球大学の中原俊明《なかはらとしあき》教授は、あらましつぎのように分析しています。

「一九六〇年代は、日本が経済成長時代を迎える時期であると共に、政治的には池田・ロバートソン会談を経て日米政府間で日本の再軍備問題についての合意がなされ、軍備増強に向けて本格的に踏み出したとき。一方、教育の分野では、歴史の書き換えが始まり、それまでの太平洋戦争という呼称が大東亜戦争に改められたりしたのにともない、戦争自体をも肯定する風潮も表面化した。

こうした状況下で、おそらくは遺族たちにたいする国の援護措置の拡充を期待してのことでしょうが、沖縄遺族連合会は、賀屋興宣《かやおきのり》元会長の率いる日本遺族連合会との結び付きを強めるようになった。賀屋会長といえば、戦時中は大蔵大臣をつとめ、戦後はA級戦犯として服役したこともある政府与党の大物。彼は、公然と戦争を肯定する発言をし続けた人でもある。

このように中央での戦争を肯定する動きに対し、ことのほか中央指向の発想が強く、ともすれば事大《じだい》主義に陥りがちな一部の沖縄遺族会の人たちが追従したのも、半ば自然の勢いであった。したがってこの種の人たちからは、切実な追悼の思いを汲み取ることはできない。」

さらに中原教授らによると、一九七〇年代に新設された二〇基の塔のうち、他県のものは三基あり、その二つに戦争肯定調のものがあるほか、再建された塔にも同じく戦争を肯定する碑文があるとのことです。

ともあれ、調査した一四〇基の慰霊の塔のうち、沖縄戦の始まる直前あたりから学業半ばで沖縄守備軍に動員され戦場に投入された県内の学徒隊や防衛隊などを祀る五〇基余の塔には、戦争を肯定したり、戦死者を美化したりする碑文はほとんどないので、それが唯一の救いに思われると言うのです。慰霊の名において、死者たちを讃えることは、逆に彼らの死それ自体を冒瀆《ぼうとく》することにもなりかねず、意図的に避けたのかもしれません。

3　「京都の塔」と激戦地・嘉数

ちなみに沖縄を除く全国四六都道府県の慰霊の塔のうち、地元住民の犠牲について言及したのは二基しかないのですが、そのうちの一つが**「京都の塔」**の碑文です。

「……京都府下出身の将兵二五三〇有余の人びとが遠く、郷土に想いをはせ……砲煙弾雨の中に倒れた。また、多くの沖縄住民も運命を倶にされたことは、誠に哀惜《あいせき》に耐えない。……星霜《せいそう》十九年を経ていまこの悲しみの地にそれらの人びとの御冥福を祈るため京都府市民によって『京都の塔』が建立されるにいたった。再び戦争の悲しみが繰り返されることのないようまた併せて沖縄と京都とを結ぶ文化と友好の絆がますますかためられるようこの塔に切なる願いをよせるものである。」

京都出身者の将兵二五三〇余人が戦死したのは、「嘉数《かかず》の戦闘」（現在の宜野湾《ぎのわん》市嘉数の高台一帯）においてでした。四月一日に沖縄本島に上陸した米軍が、沖縄守備軍の本陣・首里をめざして進撃中、四月八日に沖縄守備軍の第六二師団と、西原《にしはら》、嘉数一帯で激突しました。その中で、最も激烈をきわめたのが嘉数高地での戦闘で、彼我入り乱れて一進一退のこう着状態が一六日間にもおよんだのです。

嘉数部落は、当時、一八四世帯、人口は約八二〇人ほどでしたが、守備軍の兵約一二〇〇人が六〇戸の民家に駐屯していました。家屋敷や道路が碁盤状に整備され、緑に囲まれたのどかな集落でしたが、この戦闘によって人家はもとより、瓦葺《かわらぶき》の村屋《ムラヤー》をはじめ製糖小屋《サーターヤー》などすべてが崩壊したほか牛馬が一〇〇余頭、豚三〇〇頭も犠牲となりました。
（宜野湾市教育委員会『ぎのわん市の戦跡』一九九八年）

前引の京都の塔の碑文は、あくまで例外的なものでしかありませんでした。その証拠に、各地の慰霊の塔について記録している『糸満市史』の編集子も、こう述べています。

「総じて戦争（戦死）を肯定、賛美し、平和への願望、戦争への悔悟、反戦の決意、沖縄との連帯に触れたのは少ないと指摘せざるをえない。」

「また、遺族や関係者の心情として、戦没者への慰霊と哀悼の気持ちが強くなること

梯梧之塔（糸満市字米須）
戦没した私立昭和高等女学校の職員、生徒あわせて62人を祀る。沖縄戦では、同校生徒は17人が動員され、速成看護教育を受けたあと、第62師団野戦病院に配属され、不眠不休で負傷兵の看護にあたったあげく9人が犠牲になった。この塔は、1950年に那覇市崇元寺町の同校跡に建立されたが、のち生徒たちの多くが犠牲となった糸満市字米須の現在地に移転。塔名の「梯梧」は、同校の校歌の一節「梯梧の花の緋の誠」にちなんでいる。

京都の塔・嘉数の塔（宜野湾市嘉数）
嘉数高台に建つ。京都の塔は1963年4月建立、沖縄戦で戦没した京都府出身者2536人を祀る。嘉数の塔は1975年6月建立。沖縄戦で守備軍に協力して犠牲となった嘉数の住民152人、嘉数から出征して戦没した91人を祀る。

は否めない。しかしながら、その死は『祖国の安泰と繁栄のため』と賛美し、『偉勲《いくん》』『遺烈《いれつ》』（後世にのこされた功績、引用者注）、『忠勇』として称賛する言葉が続く。」（糸満市史編集委員会『糸満市史』上巻、二〇〇三年）

むろん、遺族の方々すべてが肉親の戦死を国家と結びつけて賛美するわけではありません。むしろその逆の対応をなす人たちも少なくないのです。

4　大田実少将の美化

そのことは、大田英雄《おおたひでお》氏が書いた「父・大田実《みのる》少将と沖縄戦について」という文章からも推察できます。

大田実少将は、海軍沖縄方面根拠地隊司令官として沖縄本島南部の小禄《おろく》地区の守備に当たっていましたが、その指揮下には地元から徴用された三〇〇〇人ほどの住民が陣地作りや弾薬運搬などに従事していました。大田司令官は、一九四五年六月一三日に、武運尽きて自刃しましたが、死の直前の六月六日に、東京の海軍次官宛につぎのような「沖縄県民かく戦えり」という趣旨の電報を送り、地元住民が持てるすべてを捧げて沖縄守備軍に協力した事実を伝えています。

「沖縄県民の実情に関しては県知事より報告せらるべきも県には既に通信力なく三十二軍司令部又通信の余力なしと認めらるるに付本職県知事の依頼を受けたるに非《あら》ざれども現状を看過《かんか》するに忍《しの》びず之に代つて緊急御通知申上ぐ」

「沖縄島に敵攻略を開始以来、陸海軍方面防衛戦闘に専念し、県民に関しては殆《ほとん》ど顧《かえり》みるに暇《いとま》なかりき　然《しか》れども本職の知る範囲に於《おい》ては、県民は壮青年の全部を防衛召集に捧げ、残る老幼婦女子のみが相次ぐ砲爆撃に家屋と財産の全部を焼却せられ、僅《わずか》に身を以て軍の作戦に差支なき場所の小防空壕に避難、尚砲爆撃下（…）風雨に曝《さら》されつつ乏しき生活に甘じありたり　而《しか》も若き婦人は率先軍に身を捧げ看護婦炊事婦はもとより砲弾運び、挺身《ていしん》斬込隊すら申出るものあり　所詮《しょせん》敵来たりなば、老人子供は殺さるべく、婦女子は後方に運び去られて毒牙に供せらるべしとて、親子生別《いきわか》れ娘を軍衛門《えいもん》に捨つる親あり」

「看護婦に至りては、軍移動に際し衛生兵すでに出発し、身寄無き重傷者を助けて（…）真面目にして一時の感情に馳《は》せられたるものとは思われず　更に軍に於て作戦の大転換あるや、自給自足夜の中に遙《はるか》に遠隔地方の住民地区を指定せられ、輸送力皆無の者、黙々《もくもく》として雨中を移動するあり　之を要するに陸海軍沖縄に進駐以来、終始一貫、勤労奉仕、物資節約を強要せられて御奉公の（…）を胸に抱きつつ遂に（…）ことなくして本戦闘の末期と沖縄島は、実情形（…）一木一草焦土《しょうど》と化せん　糧食《りょうしょく》六月一杯を支うるのみなりと謂《い》う」

「沖縄県民斯《か》く戦えり　県民に対し後世特別の御高配《ごこうはい》を賜《たまわ》らんことを」（新仮名遣いに直し、カタカナをひらがなに直して引用。…は判読不明個所。防衛庁防衛研修所戦史室『沖縄方面陸軍作戦』朝雲出版社、一九六八年）

大田実少将は、また九州鹿屋《かのや》の第五航空艦隊司令長官宇垣纏《うがきまとめ》中将に対しても、訣別《けつべつ》電報を送ったとのことです。彼は、また、「大君の御はたのもとにしてこそ人と生まれし甲斐ぞありけり」と壁書を残しています。ところで、父親の墓参に沖縄の海軍壕を訪れた彼の長男英雄氏は、つぎのように述べています。

「父の最期の地である海軍壕《ごう》で、私は合掌することすら忘れたほど、海軍壕の中で私を支配したのは、悲しみと怒りと疑惑であった。」

「なぜ入場料をとるのか、なぜロウ人形など置くのか。親父の顔をメダルに刻むのはなぜだ。立派な軍人だからか、本当に立派なのか。」

「この壕の目的は何だ。反戦恒久平和を祈念するとあるが、訪れる観光客が、本当に帝国主義戦争の無意味さ、非人間性を知る手助けになるのか。丘の上に軍艦旗が掲げられているのはどうしてか。かつての戦争指導者岸信介《きしのぶすけ》氏らはどんな気持で植樹したのか。立派な供養塔や植樹することが沖縄戦で死んだ多くの将兵、県民への最善の施策なのか（……摩文仁丘の各県競争の林立する供養塔をみて、ますますその疑惑を強くしたが）……次から次へと湧く疑惑に私はいらだっていた。いったい私は何にいらだっていたのであろうか。ともかく私は、豊見城《とみぐすく》の丘から一刻も早く逃げだしたくなる思いにかられていたのである。」（沖縄思潮編集委員会『沖縄思潮』一九七四年七月、第一巻第四号）

また英雄氏は子として、父親が地元住民を戦闘の巻き添えにすることを排した立派な軍人であったと言われて、悪い気がせず安堵に似た気持ちがするのも事実としながらも、それを喜んでいいものか、とこう自問しています。

「父を賛美しもちあげているのは、何も沖縄豊見城の海軍壕の解説だけではない。復帰する当時の国会で、山中《やまなか》（貞則《さだのり》）総務長官ももちあげたし、海上自衛隊の広報物『海自新聞』にもデカデカと、まるでこれ見よがしにPRしていた。いったい、だれが、どういう意図で、父を賛美しもちあげているのか。防衛庁や政府高官の政治的意図は、あまりにも明白である。軍人にもこのような立派な人がいるのですよとPRすることによって、軍隊は常にこうして国を守り、国民のことを親身になって考えるのだという、自衛隊への親近感の植えつけを狙ったものであるし、憲法違反の自衛隊に市民権を与えようと策謀することに他ならない。」（大田、前掲誌）

これは、戦争で愛する父親を失った子どもたちの悲嘆を乗りこえて、ことばの真の意味での慰霊について真摯に追求した数少ない一例と言ってよいかと思われます。

このような悲痛なことばには、遺家族の方々の複雑な心情が率直に吐露されているように思います。そこで指摘されているように、たしかに慰霊の塔の碑文や慰霊の態様には、理解に苦しむ内容のものが少なからずあります。

よく指摘されることですが、たとえば摩文仁が丘の頂上にある「黎明之塔《れいめい》」の碑文も、その一好例とされています。

5 「黎明之塔」と沖縄守備軍首脳の美化

「黎明之塔」は、沖縄戦も峠をこした六月二三日（墓標には二二日とある）に自決した牛島《うしじま》満《みつる》司令官と長《ちょう》勇《いさむ》参謀長ら守備軍首脳を祀ってあるもので、摩文仁が丘の頂上部分に建てられています。

その塔は死んでも首脳は首脳だと言わんばかりに、地元住民が無名兵士たちの遺骨を祀った素朴な「魂魄の塔」などとは、くらべものにもならないほど豪奢《ごうしゃ》なものです。その「黎明之塔」という碑名は、吉田茂《よしだしげる》元首相の揮毫《きごう》と言われています。

吉田首相と言えば、死後、国葬の礼で厚遇された偉大な政治家として知られています。

しかし、その彼は、前にふれた海軍沖縄方面根拠地隊の大田実少将が、「沖縄県民斯《か》く戦

えり　県民に対し後世特別の御高配を賜らんことを」と中央政府の海軍次官宛に要請したにもかかわらず、まるで逆のことをやってのけた張本人です。

彼は、敗戦後、サンフランシスコにおける講和会議で平和条約を結ぶに際し、その前提条件として沖縄を日本から切り離して米軍の占領下に委ねることを、時の西村熊雄《にしむらくまお》条約局長に指示したからです。しかも彼は、平和条約の締結で日本が独立するかわりに沖縄を「政治的質草《しちぐさ》」として、いわゆる「バミューダー方式」（九九ヵ年の租借）で米軍に貸与する旨を文章にして提出させたというのです。

その結果、戦争ですべてを失い、傷つき果てた沖縄住民は、敗戦後、さらに二七年もの長期にわたって、異国の軍隊の占領下に呻吟《しんぎん》せしめられる羽目となったわけです。「黎明之塔」という名前とは逆に、戦時中から敗戦後にかけて沖縄住民は、文字どおりの暗黒時代を生きねばならなかったのです。その意味でこの塔には、中央政府と沖縄との歪《いびつ》な対応関係、つまり政府の沖縄に対する差別的不当な処遇が象徴的に示されているように思われてなりません。ちなみに「黎明之塔」の碑文は、こう述べています。

「第三二軍は、沖縄県民の献身的協力を受け、力闘奮戦三ヶ月に及んだが、その甲斐も空しく将兵悉《ことごと》く祖国に殉じ、軍司令官牛島満大将並びに参謀長長勇中将等此の地において自刃す。時に昭和二〇年六月二三日午前四時三〇分、茲《ここ》に南方同胞援護会の助成を得て碑を建て永くその偉烈（偉大な功績、引用者注）を傳う。昭和三七年一〇月、財団法人沖縄遺族連合会」


この碑文には、県民への配慮がほとんど見当たりません。

その真偽のほどはいまだ確認されていませんが、アメリカのピューリッツアー賞作家のジョン・トーランド氏によると、牛島司令官は、自刃に際し、「沖縄の人たちは、私を恨みに思っているに違いない」と述べたとのことです。

これとは異なった見方をする人もいます。小松茂朗『沖縄に死す――第三十二軍司令官牛島満の生涯』には、「牛島は郷里鹿児島を愛するように、沖縄を心底好きだった。だから沖縄住民を護るのは故郷の鹿児島を護るのと同じ、と彼は思い込んでいた。……司令部を摩文仁に移してからというもの、牛島は、将兵はともかく、現地の人たちにこれ以上犠牲を強いてはならない。戦いの終止符は早いほどいい。敵は、軍司令官の自刃を第三十二軍の戦争放棄と理解するはずである、と考え、彼は六月二三日、かねてからの決意を実行

黎明之塔（糸満市字摩文仁、一九六三年ごろの撮影）

沖縄戦で自決した沖縄守備軍、第三二軍司令官牛島満中将と長勇参謀長を祀る（一九五二年建立、一九六二年改修）。沖縄戦で日本軍の敗北が決定的になった時、牛島司令官は「最後まで敢闘し、生きて虜囚の辱めを受けることなく、悠久の大義に生くべし」と、なお徹底抗戦の命令を下して、自らは六月二二日、長参謀長とともに自決を遂げた。未だ草木もまばらな、かつての激戦地を睥睨するかのごとく立つこの塔は、守備軍首脳を顕彰する碑文とともに、岡本太郎氏をはじめ県民の多くから批判の的となった。

に移したのである」と書かれています。（小松茂朗『沖縄に死す――第三十二軍司令官牛島満の生涯』光人社、二〇〇一年）

では、沖縄守備軍司令官の牛島満中将は、どういう経歴の人だったのでしょうか。

牛島司令官は、自刃する前に、つぎのような辞世の句を大本営と上級機関の第一〇方面軍司令官宛に残しています。

「矢弾尽き天地《あめつち》染めて散るとても
魂還《たまかえ》り魂還りつつ皇国《みくに》護らん」

「秋をも待たて枯れ行く島の青草は
皇国の春に甦えらなむ」

これからもうかがえるようにいかにも生粋《きっすい》の軍人らしい人物。鹿児島県の出身で父親も陸軍将校。誕生前に父親が急逝。母の竹子は四人の子どもをかかえて郷里の鹿児島県に戻り、加治屋《かじや》町に居を構えました。加治屋町は、西郷隆盛《さいごうたかもり》（南州《なんしゅう》）や東郷平八郎《とうごうへいはちろう》をはじめ明治の傑物を輩出した土地です。

牛島司令官は、陸軍幼年学校、同士官学校（二〇期）を経て、一九二〇（大正九）年に千葉陸軍歩兵学校教官に就任（戦術教育を担当）。その後、一九三七（昭和一二）年に陸軍少将に昇進して歩兵第三六旅団長に就任しました。この旅団は、都城《みやこのじょう》の歩兵第二三連隊と鹿児島の歩兵第四五連隊からなり、日清、日露の昔から第六師団の中核でした。牛島司令官の率いる第三六旅団は、日中戦争で中国各地を転戦した後、同年一二月に南京攻略戦に参加しました。

彼は、南京攻略の際、配下部隊に対し、つぎのような命令を下したとのことです。「旅団は一二日一六時を期し、第二三連隊を持って南京城西南角を奪取せんとす。古来、勇武をもって誇る薩隅・三州健児の意気を示すはまさにこの時にあり、各員勇戦奮闘、先頭第一に南京城に日章旗を飜《ひるがえ》えすべし。『チェスト、行けっ』」と。ちなみに「チェスト、行けっ」は、三〇〇年の伝統をもつ薩摩隼人《さつまはやと》乾坤一擲《けんこんいってき》のかけ声であると言われています。

一方、長勇参謀長は、一九三八（昭和一三）年七月から八月にかけてソ連と満州国境における日ソの武力衝突となり、日本軍は一四四〇人の被害を被って撤兵して終結した張鼓《ちょうこ》峰《ほう》事件の当時、歩兵第七四連隊長として参戦した人物で、停戦交渉に際し豪胆な駆け引きでその名を知られるようになりました。

彼は、かつてノモンハン事件の収拾をつけるために日本軍の使者としてソ連軍の使者と交渉した際、正体もなく眠りこけていたという伝説めいた逸話の持主だったのです。

沖縄に赴任する直前、参謀本部にいて、沖縄を視察したことがありました。そのとき、後宮参謀次長に「島じゅうに地雷を埋めて、米軍が上陸してきたら全部吹き飛ばしてやれ」とけしかけられ、参謀長になってから実際にやるつもりで爆薬一〇万トンを要求したという話も残っています。

彼は何かにつけて天皇陛下を持ち出して権威を振るうという性癖をもっていたようで、大尉時代には「桜会《さくらかい》」のメンバーとして皇道主義によるクーデーター騒ぎに一役買ったとしても知られています。（『丸別冊太平洋戦争証言シリーズ13　最後の戦闘――沖縄・硫黄島戦記』潮書房、一九八七年参照）

6　岡本太郎氏の批判

画家の岡本《おかもと》太郎《たろう》氏は、早くから沖縄独自の文化に着目し高く評価した人物ですが、かつて沖縄を訪れた際、この「黎明之塔」に祀られている軍首脳について、手きびしい批判を浴びせています。

「……戦場を一眼に見おろす、いちだんと高い荒い岩山の上、あそこで司令官、牛島中将が最後に自決したのだなどと聞くと、とたんにムラムラする。

状況はすべて知らされず、無数の島民や兵隊達をかりたて、一発射てば直ちに千発のお返しがくるという、手も足も出ない圧倒的な敵に対して、為すこともなく退き、追われて来た。最南端の海岸ぶちの洞窟にたてこもり、なお大日本帝国の軍人精神の虚勢に自らを縛り、鼠のように死んで行った。とことんまで叩きつぶされていながら、そして目の下に自分らのおかした惨憺たる無意味な破局を眺めながら、ついに最後まで虚栄の中に、反省もなく、『帝国軍人らしく』自刃した。彼個人がどんな立派な人格の持主だったか、それは知らない。だがその軍部を象徴する暗いエゴイズム。私は嫌悪に戦慄する。旧日本軍隊の救い難い愚劣さ、非人間性、その恥と屈辱がここにコンデンスされている。これはもっともっと叫ばれてよい問題だ。」（岡本太郎『沖縄文化論——忘れられた日本』中公文庫、二〇〇六年）

たしかにそのとおりだと思います。この種の問題は、もっともっと白日のもとに晒《さら》されねばなりません。

わたしは、このような沖縄守備軍首脳の慰霊のありようによって、付近一帯に林立する慰霊の塔の本来の意味が半ば喪失せしめられている気がしてなりません。とりわけ、この塔の建立に尽力したのが東京と地元の一部の権力者と指導者たちと聞いて唖然《あぜん》としました。

とりわけ地元出身の指導者たちは、戦前は、政府の画一的皇民化政策に追従して沖縄文化を抹殺することに狂奔したのみか、沖縄戦では、一から一〇まで軍部の言いなりになって県内の若人たちを死地に追いやり、自らは敵上陸を目前にしながら真先に本土に脱出したり、安全地帯に逃避した当事者たちだからです。しかも戦時中は、日ごろの大言壮語とは逆に一般住民より真先に投降したのも彼ら「世のリーダー」たちでした。

彼らは、敗戦後は、自らが戦前から戦時中にかけて犯したもろもろの悪業に対する反省もないまま、口では、おうむがえしに「平和」を唱えながら実際には、またもや中央の政治権力と結託して軍事力の強化を図っているしまつ。

それのみか、「慰霊の名」において、地元住民の強制された非業の死さえ殉国美談《じゅんこくびだん》に仕立て上げ、恥じようともしない。戦争が何たるかも知らない若者たちをおだてあげ、祖国愛を鼓舞して再び銃を執らせようと、手をかえ品をかえて努めているありさまです。また、遺族会などの組織も、杖とも柱とも頼む男手《おとこで》を戦争で失った女たちに、子育てから教育、社会の復興まですべての責任を押し付けてはばからなかったのです。

さらには、戦争で働き手を亡くし、弱い立場に立たされた遺家族に見舞金や年金などの話を持ちかけ、あたかもお金で「魂」を買い取るかのように意のままに操ってきたのです。あげくのはて、「国が責任を以て死者たちを靖国神社に護持せよ」と、戦前同様に靖国神社の国家護持を主張せしめたりしているのです。

こうした嘆かわしい言動が、多くの場合、慰霊の塔の碑文をゆがめる結果になっているのではないでしょうか。

岡本太郎氏は、摩文仁が丘にひしめいている各都道府県の慰霊の塔についても、つぎのように容赦なく批判しています。


「〝ひめゆりの塔〟のあたりは見ちがえるように整備され立派になっている。そこを過ぎてゆくと、ある、ある。両側にいくつも、いくつも、かなり宏壮な敷地に、規模の大きい、異様な記念塔が構えている。デカデカと相当の金をかけたものばかりだ。それにしても、そのデザイン、珍無類なこと噂にたがわず。正気の沙汰とは思われない。地方官僚とか政治ボスなどがいかに美に対してセンスがないかがわかる。まさにグロテスク・デザインのコンクールだ。
ああ、ここに代表された無神経『日本』。
聞けば地方選挙を控えて、昨年（一九五八年、引用者注）後半あたり急にぞくぞくと建ちだしたのだという。碑の除幕式、戦没者慰霊を名目に、県会議員だとか地方政界のボスどもが公務出張、つまり税金によるご招待の一大観光団を組織してやってくる。除幕の模様をテレビに写させたり。オオッピラな事前運動だ。ところが、かんじんの遺族たちは旅費自弁なのだ。そんな話を聞くと、ここにもはい出している〝黒い霧〟。政治の骨がらみの毒に、憤りをおぼえる。」

つまり、これでは、「慰霊の塔の名が泣く」というわけです。岡本氏は、さらにつぎのように述べています。

「内地ではとかくアメリカの軍政下にある島民生活の悲惨さがクローズアップされる。……しかしこの戦跡を見ていると、はるかに日本人が日本人に対しておかした傲慢無比、愚劣、卑怯、あくどさに対する憤りで、やりきれない。」（岡本、前掲書）

全国都道府県の「慰霊の塔」の建設が進む摩文仁が丘（糸満市字摩文仁）
上：1965 年 10 月、下：1972 年 3 月

II 「慰霊の塔」が語る沖縄戦の実相

1 対馬丸の遭難と「小桜の塔」

沖縄に地上戦の危機が迫ってきたのは、沖縄戦で日本守備軍の組織的戦闘がついえるちょうど一年前、一九四四（昭和一九）年六月のことでした。六月一五日にマリアナ群島のサイパン島に上陸した米軍は、七月七日、サイパン島の日本守備隊を玉砕《ぎょくさい》に追い込みました。三万人の同島守備隊はおよそ一万人の住民を巻き添えにして「玉砕」しました。守りが堅いと言われていたサイパン島があっけなく敵手に落ちたので、サイパン島と日本本土の間に位置する沖縄に急速に危険が迫ってきたのです。そこで日本政府は、沖縄の約一〇万人の非戦闘員を集団で疎開《そかい》させることにしました。

しかし、そのころすでに沖縄近海には敵の潜水艦が毎日のように出没し、きわめて危険な状態でした。そのため沖縄の一般女子やお年寄りの間には、渡航中の安全保証のない疎開には尻込みをする者が後を絶ちませんでした。

すでにサイパン陥落一週間前の六月二九日には、沖縄守備軍の独立混成第四四旅団と同第四五旅団の将兵四六〇〇人を乗せた「富山丸」が、鹿児島から沖縄へ向かう途中、徳之《との》島《しま》東方海上でアメリカの潜水艦の攻撃を受けて沈没し、約四〇〇〇人もの兵員が犠牲となっていました。それから二か月後の八月、今度は沖縄から鹿児島に向かう一隻の疎開船が敵潜水艦に撃沈されて八〇〇人近い子どもたちが命を奪われました。これが一般に学童疎開船・対馬丸《つしままる》の遭難事件として知られるものです。

一九四四年八月二一日、戦争に勝つため、また食糧難の折、口減らしのためにも県外に疎開せよという国の命令や学校の勧めで、仕方なくわが子を異郷に送ることを決めた父母たちが、那覇《なは》の港で子どもたちとの別れを惜しんでいました。午後六時三五分、六七五四トンの軍用船対馬丸は、集団疎開に加わった六歳から一五歳までの子どもたち八二五人と、引率者や一般の疎開者八三六人（他に乗員と兵員一二七人）を乗せて那覇港を出港しました。

対馬丸は、前後を駆逐艦「蓮《はす》」と砲艦「宇治《うじ》」の二隻の軍艦に護衛されていましたが、早くも翌二二日の午前四時ごろには、米軍の潜水艦ボーフィン号に発見され、追跡されていました。そして、同日の午後一〇時過ぎ、鹿児島の南西二六〇キロ、悪石島《あくせきとう》の北西方約一一キロの地点にさしかかったとき、ボーフィン号からつづけざまに二発の魚雷が発射され、対馬丸の船首と船尾に命中しました。そして、一瞬のうちに対馬丸は八〇〇メートルほどの海底の闇の奥深く呑み込まれてしまいました。

それから二、三日後、奄美大島《あまみおおしま》の西北部の村々の海岸には、遭難児童たちの小さな死体が何体も何体も流れ着いたとのことです。こうして対馬丸の遭難では、七七五人の学童と二九人の世話人、そして五六九人の一般疎開者、さらには乗員と兵員四五人の合わせて一四一八人が犠牲となってしまいました。

このとき奇跡的に生き残り、戦後は、本島北部の小学校で教えていた平良敬子《たいらけいこ》先生は、対馬丸で遭難した時はわずか九歳でした。彼女は、敵潜水艦に攻撃され沈没した対馬丸から深夜の海に投げ出されました。そして無我夢中で手足をばたつかせているうちに流れてきた筏《いかだ》に必死になってしがみつき、それによじのぼって大海原を五日間も漂流したとのことです。その間、飢えと渇きに苦しめられたり、サメに狙われたりして、やがて力尽きて筏からずり落ちていく人たちを何人も見たといいます。

平良さんと同じ船に乗っていたいとこも、海上を流れていた樽に必死につかまっていたけれども、疲労のあまりつい手を放してしまい暗い海流に巻き込まれて死没したとのことです。しかし、平良さんは、六日目に押し寄せる波に奄美大島の海岸に打ち上げられて奇跡的に命拾いをしたのでした。

対馬丸の遭難後、沖縄守備軍は、留守家族や一般住民の動揺を恐れて、生存者たちに遭難の事実を絶対に他人に漏らしてはならぬと固く口止めしました。

そしてその後米軍が四五年三月に慶良間《けらま》列島に上陸するまで、本土への集団疎開は敵襲に脅えながら辛うじて続きました。こうして六万人が本土へ避難したほか、二万人が台湾へ疎開することができたのでした。

戦後になって、対馬丸の遺族たちは、せめて遭難者の遺体だけでも手厚く葬ってあげたいと、いくどとなく政府へ陳情を繰り返しました。そのため政府関係者は、何度か遺体の入った船体の引き上げを計画しました。わたしが県知事在任中に、対馬丸の沈没場所が確認され、船体に書かれた「対馬丸」という船名の写真も入手することができました。が、そこは水深が八七一メートルもあって、厚生省（当時）は、県民の切実な要望にもかかわらず、船体の引き上げは技術的に不可能との一点張りで、結局、対馬丸の船体は、いまだ学童たちの遺体もろとも海底に沈んだままなのです。

そのような事情から対馬丸の犠牲者たちの霊は、収骨もされないで海の見える那覇市の若狭町《わかさちょう》の旭《あさひ》が丘《おか》公園にある**「小桜の塔」**に手厚く祀られています。

「小桜の塔」は最初、一九五四（昭和二九）年五月に、那覇市波之上《なみのうえ》の護国寺境内に建てられていました。これは、護国寺の住職、名幸芳章《なこうほうしょう》氏が旅先で偶然知り合った愛知県のすずしろ子供会（会長・河合桂《かわいけい》さん）の申し出に端を発して企画したもので、愛知県知事をはじめ、同県の県民の全面的な協力を得て実現したものでした。それが、五九（昭和三四）年に現在地に移されたのです。その際、塔の周囲には、遭難場所近くの悪石島から運ばれた小石が霊石として敷き詰められました。

ちなみに同塔の碑文には、遭難事件の経過について触れられているほか、「いのちみじかく青汐に　花とちりつつ過ぎゆけり　年はめぐれど帰りこぬ　おさなき顔の眼には見ゆ」という弔歌《ちょうか》が刻まれています。

対馬丸撃沈による学童の犠牲者の中には、沖縄本島中部の読谷村古堅《よみたんそんふるげん》小学校（当時は古堅国民学校）の子どもたち二〇人も含まれていました。現在、古堅小学校の構内には、遺族会の方たちが一九九〇（平成二）年八月に建立した慰霊の碑が立っています。碑には

「痛恨　春めぐり　花は咲けども悪石の　水底の子ら　あの歳のまま」とあり、六歳から一五歳までの二〇人の児童の名前が刻まれています。慰霊碑の隣には、同じ遺族会の人たちによって植えられた「慰霊の桜」が枝を伸ばし、桜の季節には毎年、満開の花を咲かせています。

また、一九六二（昭和三七）年には、対馬丸が沈没した海を臨む悪石島の西海岸に、**「対馬丸慰霊碑」**も建てられました。佐藤日建和尚らによって建てられたもののようです。それ以来、同島にある悪石小中学校の児童生徒たちが幼い死者たちを偲《しの》んで周辺を清掃したり花を手向《たむ》けたりするだけでなく、慰霊祭や特設授業を行うなどして、改めて戦争のむごさを追体験して平和の尊さを学んでいるとのことです。

「小桜の塔」の近くには**「海鳴りの像」**が立っています。この像は、沖縄戦から四二年目の一九八七（昭和六二）年六月二三日に、戦時遭難船舶遺族会によって建立されたもので、敵に撃沈されたあまたの遭難船の県出身犠牲者たちを祀ったものです。

「海の沖縄戦」と言われた遭難船犠牲者の数は、遭難の事実が軍事機密として隠されていたこともあって、その全容はいまもって明らかでありません。沖縄から本土への疎開船、本土から沖縄へ向かう船、県出身者が乗った南洋諸島からの引き揚げ船など、撃沈された

小桜の塔（一九五七年、護国寺境内にあったころ。五九年に現在地、那覇市若狭に移転）
疎開船「対馬丸」で遭難した学童、引率教師、世話人、乗員ほか、あわせて一四一八人を祀る。対馬丸遭難遺族会が管理。毎年、八月二二日に慰霊祭が行われている。なお、同塔の近くには「対馬丸記念館」がある（二〇〇四年八月開館）。同館は、対馬丸の悲劇を語り継ぎ、子どもの視点から戦争を考える記念館となっている。

沖縄戰没者

船は三二隻余にのぼると言われています。犠牲者の数も、一説には三三一三人におよぶようです。ちなみに、その「海鳴りの像」の台座には、つぎのような遭難船舶の具体的な船名が刻まれています。

波之上丸、嘉義丸、八重丸、湖南丸、赤城丸、夕映丸、アメリカ丸、台中丸、美山丸、千代丸、白山丸、神島丸、朝日丸、宮古丸、広順丸、横山丸、広善丸、開城丸、第一千早丸、第五千早丸、照国丸、栄丸、大同丸、日美丸、台北丸、いろは丸、台通丸、新島丸、一心丸、安福丸、松竹丸、大光丸。

これほど多くの船が撃沈させられたわけですが、石垣《いしがき》市新川船蔵《あらかわふなくら》には、**「尖閣《せんかく》列島戦時遭難死没者慰霊之碑」**が建ててあります。

一九四五（昭和二〇）年七月三日、集団疎開の人びとを乗せて石垣から台湾へ向かっていた「第一千早丸」「第五千早丸」が、尖閣列島の魚釣島《うおつりじま》近海で米軍機の銃撃を受け、乗船していた多くの人命が奪われ、うち七〇人が銃撃を逃れて魚釣島に上陸し、餓死寸前で生還するという「尖閣列島戦時遭難事件」が起きました。

この慰霊碑は、同事件で犠牲となった人びとを祀るもので、同遺族会によって二〇〇二（平成一四）年七月に建立され、毎年、七月三日に慰霊祭が行われています。碑には、犠牲

海鳴りの像（那覇市若狭・旭が丘公園）

となった八〇人の名前が刻まれています（同事件での正確な犠牲者の数は、いまだわかっていません）。

ちなみに「海鳴りの像」は、画家の宮良瑛子《みやらえいこ》さんが制作したものですが、彼女は、その動機をこう語っています。

「肉親を戦争に奪われた人間の悲しさといかりと、さらにやさしさと生きるたくましさ、そして平和への誓いを母親の表情と肉体をとおしてあらわしたいと毎日毎日、粘土と汗にまみれ、取り組んできました。……いま世界は、戦争の煙が、どこかで、いつもたち込め不安でいっぱいです。ましてや核戦争は、ぜったいにさけねばなりません。沖縄に、日本に、二度と戦争を持ってこないで下さい。核兵器はすべて、この地上からいますぐなくしてください。あの戦争で死んでいった人たちの悲しさを、生きている人たちはぜったいに忘れまい。この沖縄県民のねがいを、みなさまと共に、この海鳴りの像をとおして叫びつづけたいと思います。海鳴りの像が、永遠の平和の女神となりますように！」（アーガス『海鳴りの底から』戦時遭難船舶遺族会連合会、一九八七年）

ところで、これまで「海鳴りの像」の台座の中に安置されていた犠牲者の名前を刻んだ刻銘板が、今年（二〇〇六年）の八月の旧盆に、台座の上に設置されることになりました。以前は、「公園法」で刻銘版を塔の表面に置くことが制限されていましたが、いまでは許可されるようになったからです。戦時遭難船舶遺族会の大城敬人《おおしろよしたみ》会長代行は、そのことについて、「長い間、遺族は胸を痛めていた。やっとの思いだ」と、深い海底のように暗く冷たい台座の奥から、戦没者たちの名前が晴れて陽の光を浴びることができたことを、他の遺族たち共々にひとしお喜んでいます。（『沖縄タイムス』二〇〇六年六月二三日付）

2　「集団自決」と「白玉之塔」「平和之塔」ほか

沖縄戦で、米軍が最初に上陸した慶良間《けらま》列島の渡嘉敷島《とかしきじま》と座間味島《ざまみじま》、慶留間島《げるまじま》などでは、米軍の上陸前後に、約七〇〇人の住民が、捕虜になるのを恐れて家族や親戚同士で殺し合い、「集団自決」（「強制的集団死」とも言う）を遂げました。

慶良間列島は那覇の西方約三二キロの海上に浮かぶ島々です。その中でも最大の島、渡嘉敷島の渡嘉敷集落の台地に**「集団自決跡地」碑**がひっそりと立っています。一九九三(平成五)年三月に建立されたこの碑には、つぎのような碑文が刻まれています。

「この台地後方の谷間は、去る大戦において住民が集団自決をした場所である。米軍の上陸により追いつめられた住民は、友軍を頼ってこの地に集結したが、敵の砲爆は熾烈《しれつ》を極め遂に包囲され行き場を失い、刻々と迫る危機を感じた住民は、『生きて捕虜となり辱《はずかし》めを受けるより死して国に殉《じゅん》ずることが国民としての本分である』として昭和二十年三月二十八日、祖国の勝利を念じ笑って死のうと悲壮な決意をした。兼ねてから防衛隊員が所持していた手榴弾《しゅりゅうだん》二個づつが唯一の頼りで親族縁故が車座になり、一個の手榴弾に二、三十名が集まった瞬間不気味な炸裂音は谷間にこだまし清水の流れは寸時にして血の流れと化し老若男女三一五名の尊い命が失われ悲惨な死を遂げた。……時移り世変わってここに過去を省み、戦争の悲惨を永く後世に伝え、恒久平和の誓いを新たにするためここを聖地として整備し碑を建立した。」

この碑文は、戦後、だいぶ経ってから建立されているので、おそらく沖縄県遺族連合会の意向が多分に影響したのかもしれません。むごたらしい住民の非業の死が一種の殉国美談に仕立て上げられかねない問題含みの文言を含んでいるからです。

事実、敗戦後に防衛庁防衛研修所戦史室は、住民の集団自決についてこう記述しているからです。「この集団自決は、当時の国民が一億総特攻の気持ちにあふれ、非戦闘員といえども敵に降伏することを潔しとしない風潮がきわめて強かったことが、その根本的理由であろう」と。つまり「崇高な犠牲的精神の発露」というわけです。（防衛庁防衛研修所戦史室、前掲書、参照）

果たして、そう言えるのでしょうか。慶良間列島でのこうした住民の「集団自決」は、いったいどうして起こったのか、ごく大まかに振り返ってみたいと思います。

一九四五（昭和二〇）年、米軍が沖縄本島に上陸する直前、三月二六日の午前八時ごろ、米第七七歩兵師団の将兵は、沖縄守備軍の意表をつき、熾烈な空襲と艦砲射撃の援護を受けながら、水陸両用戦車三〇隻に分乗してまず初めに慶良間列島の阿嘉島《あかじま》に侵攻。それを皮切りに同じ日に慶留間島、座間味島、屋嘉比島《やかびじま》などにつぎつぎと上陸しました。翌二七日には最大の渡嘉敷島に上陸したほか、久場島《くばじま》、安室島《あむろじま》などへも攻め入りました。沖縄守備軍は、まさか米軍が、沖縄本島へ上陸する前に慶良間列島を攻撃するとは、予想もしていませんでした。その結果、迎撃のしようもないしまつでした。

慶良間列島は耕地が少なく、平時から資源や食糧などの乏しいところとして知られていました。それだけに米軍の上陸は、島の住民にとっては、生死にかかわる重大な災難でした。というのはほかでもなく、たとえ米軍の激しい砲爆撃を避け得たとしても、敵に生活物資の輸送路を絶たれてしまえば、そこでは食糧難で、米軍の上陸を待つまでもなく、自滅するほかはなかったからです。

米軍が上陸したころ、渡嘉敷島には海上挺進《ていしん》第三戦隊員一三〇人と整備兵一二〇人が駐留していました。それに加えて同島の住民の中から動員された防衛隊員約七〇人、さらに朝鮮半島から強制連行されたり、徴用された朝鮮人軍夫が約二〇〇人余もいました。第三戦隊隊長は、二五歳の赤松嘉次《わかまつよしじ》大尉。海上挺進隊は、二一〇キロ爆雷を二個ずつ装備した「人間魚雷」と称されるベニヤ板でできた舟艇約一〇〇隻を擁す戦隊でした。同隊は、米軍が沖縄本島の西海岸から上陸すると想定し、その背後から特攻艇で上陸部隊をのせた米艦船に体当たり攻撃をかける手はずになっていました。

そのため当初、赤松戦隊長は、予定どおり米艦隊に突入するべく上司に意見具申をしようと考えていたようです。しかし彼は、後に折から来島中の軍船舶隊長大町茂《おおまちしげる》大佐から、米軍主力が沖縄本島へ上陸する前に特攻艇を使用するのは、「企図秘匿《ひとく》上適当ならず」として、海辺の地下壕に隠していた舟艇のうち引き揚げ可能の舟艇のほかは、破壊して沈めよ、との命令を受けたとして、二隻だけを陸に引き揚げ、残りはすべて自沈せしめたと述べています。

一方、渡嘉敷島の住民の記録によると、赤松大尉は、海上挺進隊を率いて海上から特攻攻撃をなす初志を貫徹できなかったので、地上で上陸米軍を撃滅する戦法をとる、などと常日頃広言していたといいます。しかし、いざ米軍が上陸すると、同島の西山高地に配属部隊を集結せしめるとともに、地元住民に軍陣地の北方あたりに集合せよ、と命じたとのことです。

思いもかけぬ米軍の上陸におびえ切っていた住民は、この軍の指示を、友軍守備隊が保護してくれると思い込み、家族や親戚、知友がこぞって指示された場所に集まりました。するとそこで住民を待ち受けていたのは、自決せよという冷酷な軍命令だったとのことです。(上地一史『沖縄戦史』時事通信社、一九五九年)

こうして多くの住民が「集団自決」を決行したわけですが、この軍命令の有無については、諸種の戦闘記録は有無両論あって、必ずしも一致していません。（現に赤松隊長による命令の有無の真偽については裁判で争われています。）

集団自決から生きのびたある生存者は、そのときの模様をこう語っています。

「防衛隊員が、二個ずつ持っている手投弾の周りに二、三十人が集まった。住民には自決用として五十二発の手投弾が用意されていた。……轟音《ごうおん》がつぎつぎに谷間にこだました。瞬時にして老幼男女の肉は四散し、死にそこなったものは棒片で頭を打ち合い、カミソリで頸部を切り、斧、鍬、鎌を用いて親しい者同士が頭を叩き割り、首をかき切った。恐ろしい情景が恩納河原《おんなかわら》でくり広げられたのである。こうして三百二十九名の住民がみずから命を絶った。手投弾が不発で死を免れた住民が、軍の壕へ近づくと赤松隊長は入口にたちはだかり、軍の壕に入るな、すぐに立ち去れ、と住民をにらみつけた。赤松大尉の部下多里《たさと》少尉は住民の一人、座間味盛和《ざまみせいわ》にスパイの疑いをかけて斬殺した。一方、家族を失って悲嘆のあまり山中を彷徨していた古波倉樽《こはぐらたる》も米軍

に通ずるおそれがあるという理由で高橋伍長の軍刀で殺害された。」（沖縄タイムス社編『鉄の暴風』朝日新聞社、一九五〇年）

その後、慶良間列島に上陸した米軍は、同年三月三一日、その一部を残して沖縄本島に引き揚げました。島の住民は、敵襲の恐怖からのがれて安堵したのも束の間、たちまち食糧難から自滅の危機的状況におちいってしまいました。そこへ米軍は、五月初旬に兵員を再上陸させ、すでに占拠していた伊江島《いえじま》の住民およそ一五〇〇人を渡嘉敷島へ移動させました。

その結果、わずかばかりの島の農作物はまたたくまに取り尽くされました。あげく島びとたちは野草や海草、貝類、とかげに至るまで、食べられるものは片っぱしから口に入れて、かろうじて生命を維持するありさまでした。

その間にも海上挺進第三戦隊の将兵は、住民が保有する食糧の五〇パーセントを軍に醵《きょ》出《しゅつ》せよとの命令を下したあげく、「違反者は銃殺に処す」として強制的に住民の食糧を徴発したとのことです。住民は飼育した家畜を屠殺することまで厳禁されたうえ、「一木一草に至るまで天皇陛下の所有物」だとして自分の畑から野菜をとることさえもできなくなりました。違反者は銃殺にされる、と脅されていたので住民は、自滅を前になす術《すべ》もなかったのです。

住民の証言によると、そのころ米軍に命じられて伊江島出身の若い女性五人と一人の男性が、赤松戦隊長のところへ降伏勧告状を届けさせられました。彼らは伊江島で捕虜になり、渡嘉敷島では他の地元住民から隔離されていたので、守備軍陣地内の異常な事態をまったく知らなかったのです。そのため六人は一人残らず捕えられ、各人自らの墓穴を掘らされたあげく、後手にしばられ斬首されたとのことです。三人の女性は、死ぬ前に歌をうたわせてくれと頼み、「海行かば」を合唱しながら友軍の手で生命を断たれたとあります。

(沖縄タイムス社、前掲書)

恩納河原で住民の「集団自決」があった時、一六歳の二人の少年が傷を負ったまま死にきれずに米軍に収容されました。小嶺武則《こみねたけのり》さんと金城幸二郎《きんじょうこうじろう》さんの二人です。その後、二人は米軍の指示で、西山に避難している一般住民に下山をすすめるため、赤松戦隊が立てこもる山の陣地へ使いに出されました。すると二人はすぐに同地の戦隊員に捕えられ、「自決の場所から逃げだし、米軍に意を通じた」という理由で銃殺されました。

こうした悲惨きわまる事件のほか、七人の防衛隊員が軍の命令に違反したとして斬殺されたほか、渡嘉敷小学校の大城徳安訓導は、「防衛隊員のくせに、家族のところに帰ってばかりいる」という理由で、彼もまた赤松戦隊員に斬首されたと言われています。

壕内に引きこもって出て来ない赤松戦隊の隊員に対し、米軍は執拗に降伏を勧告しました。不運にも防衛隊員の新垣重吉《あらがきじゅうきち》と古波蔵利雄《こはぐらとしお》、与那嶺徳《よなみねとく》、大城牛《おおしろうし》の四人が降伏を勧告する使者に選ばれました。一行はそれがいかに危険な仕事であるかを熟知していたのですが、これ以上の無益な殺傷を防ぐため、あえてその困難な任務を引き受けたのでした。軍隊の経験のある新垣と古波蔵は、降伏勧告文を赤松戦隊へじかに届けずに木の枝に結びつけて帰りました。しかし、何も知らずに陣地に向かった他の二人は赤松戦隊員に捕えられ、なんら弁明の余地も与えられないまま殺害されたとのことです。

そして、四五年も八月中旬になり、壕内に潜み続けていた赤松大尉は、部下と共に降伏しました。地元住民による慶良間戦記は、その事実をつぎのように記録しています。

「あれほど自分の口で玉砕を叫びながら、みずからは壕のなかに避難して、住民には集団自決を命令、あるいはスパイのぬれぎぬをきせて斬殺、暴虐の限りをつくした彼、赤松大尉は、いまや平然として降伏文に調印し、恥じる色もなく住民のまえにその大きな面を現わしたのだ。その態度は、あくまで傲岸《ごうがん》で、すこしも自省の様子はみられなかった。その彼が武装解除され、皇軍の矜持《きょうじ》も何もなく捕虜となり、米軍兵士に連れて行かれる姿を、住民たちは複雑な気持ちで凝視していた。」(山川泰邦『秘録　沖縄戦史』読売新聞社、一九六九年)

このような渡嘉敷島における戦争中の惨事について、生き残った赤松元戦隊長は、一九六八(昭和四三)年四月、『琉球新報』の記者の質問に答え、住民は軍の任務を知らないから、「集団自決」を軍命によるものと考えたのだろう、と言い、自分は「絶対に命令したのではない」と、こう反論しました。

「(集団)自決のあったあと報告を受けた。しかし、防衛隊員二人が発狂して目のまえで自決したことはある。当時の住民感情から、死んで部隊の足手まといにならぬようにという気持ちだったと思う……。軍の壕といってもお粗末なもので住民がはいれるようなところではなかった。同じようなケースの自決は沖縄にはいくらでもあったはずだが、なぜ渡嘉敷島だけ問題にするのか、私にはよくわからない。日本が勝ってお

れば、自決した人たちも靖国神社にまつられたはずだ。」（『琉球新報』一九六八年四月八日付）

また、スパイ容疑で殺された人たちについて彼は、「私が命じて処刑したのは、大城訓導だけだ。三回も陣地を抜けて家族の元へ帰った。そのたびに注意したが、また離脱したので処刑した。私の知らないものもあるが、伊江島の六人、二人の少年にはいずれも死を選ばせた。気の毒だが、当時の状況からやむをえなかった」と一部は認めています。

彼自身が住民から悪評をかっていることについては、特攻隊のような花々しい戦闘を住民は期待したのだろうが第三挺進戦隊にはそれができなかったこと、それに（渡嘉敷島が）小さい共同体のことだから当時の隊長であった彼を悪人に仕立てた方が都合がよかったからではないか、とも述べています。

なお戦後の心境については「私のとった措置は、万全のものではないだろうが、あの時点では正しかったと思う。なにしろ戦闘なのだから、現在の感覚と尺度では、はかりようがない。週刊誌に若気のいたりとか不徳のいたすところなどと私が言ったとあるが、あれはいわば社交辞令だ」と言うとともに、「防衛庁の記録にも私の処置が正しかったことが書かれている」と開きなおる態度も見せたようです。

これに対し、戦争当時、渡嘉敷島の村長をしていた米田惟好《よねだいこう》（旧姓古波倉《こはぐら》）は、「……反省しているだろうと思い、いまさら彼一人を責めるのはよそうと思っていたのに、このシラを切った態度は、常識では考えられない。これでは自決を強いられて亡くなった人達の霊も浮かぶまい」と批判しています。（山川、前掲書）

一方、座間味島には、約一〇〇〇人の将兵が梅沢裕《うめざわひろし》少佐の指揮下に布陣していました。米軍が上陸する直前、この守備隊長は、戦闘能力のある者は、男女を問わず戦列に加わり、老人子どもは、村の忠魂碑の前で自決せよ、との命令を下したとのことです。そこで村民は忠魂碑の前に集まり、梅沢戦隊長と村長が現われるのを待って、自決を決行する手はずになっていました。ところが、折からの敵軍の激しい砲爆撃を受けて、「集団自決」は妨げられました。同島住民は、米軍が上陸した後、個々別々に自決する者が相ついだようです。（この軍命令に関して梅沢少佐は、一九八七年に著わした「集団自決の真相」という文書の中で、軍命令はなかった旨述べています。）

ちなみに地元の五人の女子青年団員は、同島守備隊から敵陣への斬込み用の弾薬を運べと命令されるまま、指定された場所に運びました。しかし、肝心の友軍兵士は現われず、一行は米軍に捕えられて辱しめを受けるのをおそれ、そのうちの何人かは自決したといいます。こうして村役場の三役をふくめ、一般婦女子ら七五人が集団自決を選んだとのことであります。（山川、前掲書）

この慶良間列島の「集団自決」をめぐっては、「軍命で『集団自決』に追い込まれた」という主張と、「軍命令はなかった。住民が自らの意思で自決をしたのだ」という主張が対立していて戦後六〇年余もたった今日まで尾を引いています。そして前にも触れたように、命令の有無の問題をめぐって裁判沙汰まで起こっているあり様です。

政府は、一九八八（昭和六三）年二月に那覇地裁で開かれた家永《いえなが》教科書裁判の際に、なんらの証拠もあげずに「軍命はなかった」と言い切っています。そして「集団自決」があたかも「住民の国に殉ずる意志に発した自発的な死」と公言してはばかりませんでした。

凄惨きわまる住民の「集団自決」を「殉国美談」に仕立て上げようとしたわけです。つい最近も同じ論法で旧軍部の加害責任を丸ごと免罪するのに躍起となっている人たちがいます。

しかし、事実を無視する論法は、沖縄戦における非戦闘員の「集団自決」（強制された集団死）という厳然たる事実を前にしては、なんらの説得力も持ち得ないのではないでしょうか。

というのはほかでもありません。同島駐留の守備部隊が地元の防衛隊を通して二〇〇発余の手榴弾を住民に配ったと言われているからです。当時の厳しい軍律の下で、しかも軍隊に武器が不足している状況下で、何の目的もなしにそれほど多くの武器を一般住民に渡すなどということは到底考えられないからです。

また軍隊からの圧力でもないかぎり、幼い子どもたちまで道連れにして、自発的にあのような大惨事を決行し得るのか、冷静に見きわめる必要があります。また「集団自決」の発生が、多くの場合、守備軍部隊が駐留していた島々だけに限られていて、慶良間列島の中でも前島《まえじま》のように軍隊が駐留しなかった島々では発生しなかった事実も注目に値します。一方、阿嘉島のように、たとえ軍隊が駐留していたとしても住民側のリーダーと守備隊の適切な対処によって、「集団自決」を未然に防止することができた事例から考えても、「集団自決」への軍隊の直接・間接的関与は否定できそうにないのです。

一部の人たちが、慶良間列島における住民の「集団自決」を軍命によるものと事実を誤認して書いたとして、沖縄タイムス社の『鉄の暴風』を断罪しているのと対照的に、作家の司馬遼太郎《しばりょうたろう》氏は、こう述べています。

「『鉄の暴風』のなかにも、軍隊が住民に対して凄惨な加害者であったことが、事実を冷静に提示する態度で書かれている。もし米軍が沖縄に来ず、関東地方に来ても、同様か、人口が稠密《ちょうみつ》だけにそれ以上の凄惨な事態が起こったに違いない。住民をスパイ扱いにしたり、村落に小部隊が立てこもって、そのために住民ごと全滅したり、それをいやがって逃げる住民を通敵者として殺したりするような事態が、無数に起こったのではないか。」（司馬遼太郎『沖縄　先島への道　街道を行く6』朝日新聞社、一九九八年）

わたしは自らの体験に照らして、このような発言は軍隊の本質、または戦場の偽りのない実態をよく知っている人でなければ口に出せないと思わざるを得ません。

こうした「集団自決」でなくなった方々は、渡嘉敷村では**「白玉之塔」**、座間味村では**「平和之塔」**にそれぞれ祀られています。

白玉之塔（渡嘉敷村字渡嘉敷）
集団自決で犠牲になった渡嘉敷村の住民と、村に駐屯していた海上挺進第3戦隊の戦没者、あわせて507人を祀る。

「集団自決跡地」碑（渡嘉敷村字渡嘉敷）
集団自決のあった西山に建つ。1951年、「白玉之塔」がこの場所に建てられたが、米軍のナイキホーク基地となったため、同塔は、1962年に現在地に移された。その後、同基地が返還されたため、1992年にこの碑が建てられた。

平和之塔（座間味村字座間味）
集団自決で犠牲となった座間味島・慶留間島の住民、村出身の戦没応召将兵、同村に駐留していた守備軍兵士、あわせて1200余人を祀る。

チビチリガマ（読谷村字波平）
写真右側に建っているのが、同村在住の彫刻家金城實氏の手になる「チビチリガマ世代を結ぶ平和の像」。左側の石に「碑文」と犠牲となった85人の名前が刻まれている。

ちなみに「集団自決」は慶良間列島だけで起こったものではありませんでした。慶良間列島を攻略した米軍は、間髪を入れずに同年四月一日、沖縄本島に上陸を開始しました。それからおよそ九〇日余におよぶ激しい地上戦が始まるのですが、米軍が上陸を敢行した沖縄本島中部海岸に近い読谷村波平《なみひら》にある「チビチリガマ」(ガマとは自然の鍾乳洞のこと。戦争中格好の避難壕として使われた)でも、米軍上陸の翌四月二日に地元住民の「集団自決」が決行し、幼子たちを含め八〇人ほどが死亡しました。

現在、このチビチリガマには、チビチリガマ遺族会が犠牲者への哀悼と平和を願って慰霊碑を建てています。同碑は、「再び国家の名において戦争への道を歩まさない」との強い決意がこめられているとのことですが、その碑文は、つぎのように述べています。

「一九四五年四月一日、米軍はこの読谷村の西海岸から沖縄本島へ上陸した。それは、住民を巻き込んだ悲惨な沖縄戦、地上戦であった。その日のうちに米軍はチビチリガマ一帯に迫っていた。翌二日、チビチリガマへ避難していた住民約一四〇名中、八三名が『集団自決』をした。尊い命を喪った。

あれから三八年後、やっと真相が明らかになった。その結果、八三名のうち約六割が一八歳以下の子供たちであった。その他、二名が米兵の手によって犠牲になった。『集団自決』とは『国家のために命を捧げよ』『生きて虜囚の辱めを受けず、死して罪過の汚名を残すことなかれ』といった皇民化教育、軍国主義教育による強制された死のことである。

遺族は、チビチリガマから世界への平和の祈りを、と『チビチリガマ世代を結ぶ平和の像』を彫刻家金城実《きんじょうみのる》と住民の協力のもとに制作した。しかし、像の完成から七か月後、一一月八日、心なき者らにより像は無残にも破壊された。住民は怒り、遺族は嘆いた。

全国の平和を願う人々はそのことを憤り、励ましと多大なカンパを寄せた。あれから七年余が経過し平和の像の再建が実現した。チビチリガマの犠牲者への追悼と平和を愛するすべての人々への思いを込め、沖縄戦終結五〇周年にあたり、ふたたび国家の名において戦争への道を歩まさないことを決意し、ここに碑を建立する。

一九九五年四月二日　チビチリガマ遺族会」

3　戦争マラリア事件と「慰霊之碑」「忘勿石の碑」

わたしが沖縄県知事に就任してすぐに取り組んだ仕事は、戦後処理の問題でした。二三万人以上の死者を出し、沖縄県民だけでも十数万人が犠牲となった沖縄戦の体験は、いまでもなお県民にとって癒えることのない心の傷となって疼き続けています。敗戦後、町の中で不発弾が見つかったという報道は日常茶飯事でした。過去半世紀以上も前から、不発弾の処理を続けてきました。当初は、米軍政府が、次いで琉球政府が引き継ぎ、復帰後は、沖縄県が億単位の予算を使い、自衛隊の協力を得て処理に当たってきたのです。それにもかかわらず、専門家によると現在のペースで処理をやって行けば、完了するまでにはあと五〇年から六〇年もかかるとのことです。

まるでこの地中に埋もれた不発弾のように、沖縄には戦争後遺症にもひとしい解決困難で切実な諸問題が未解決のまま放置され山積していたのです。その代表的な事例のひとつが、八重山《やえやま》群島における、いわゆる戦争マラリア補償の問題でした。

沖縄戦当時、八重山地方では、米軍による上陸作戦はなかったので、そのため沖縄本島にくらべ戦争の犠牲者は比較的に少数ですみました。その反面、旧日本軍の同島海軍守備隊によって山岳部などに強制疎開を余儀なくされ、マラリアに罹って倒れる人が続出しました。

とりわけ犠牲者が多かったのは、波照間島《はてるまじま》でした。同島の場合、山下虎雄《やましたとらお》（本名酒井《さかい》清《きよし》）という「残置諜報員《ざんちちょうほういん》」（残置工作員とも言う）が、四五年三月に、波照間島や鳩間島《はとまじま》、新城島《あらぐすくじま》の住民を西表島《いりおもてじま》の南風見《はえみ》や古見《こみ》などのマラリア蔓延地帯に強制的に移動させました。そのため波照間島の人口、一五九〇人の九九・八パーセントに相当する一五八七人がマラリアに罹ったあげく、同島の人口の約三〇パーセントにおよぶ四七七人が死亡しました。死者の中には六六人の幼児たちが含まれていました。

「残置諜報員」というのは、沖縄守備軍司令部情報部が沖縄の離島に送り込んだ一一人の諜報活動員のことです。（ちなみに残置諜報員は、伊平屋島に一人、伊是名島一人、与那国島《よなぐにじま》二人、波照間島一人、久米島《くめじま》二人、黒島一人、多良間島《たらまじま》一人、粟国島《あぐにじま》一人、西表島一人がそれぞれ配置されていました。）

彼らは、全員がスパイ養成学校として知られる陸軍中野学校を出た将校と下士官たちで、一九四四年一二月に沖縄守備軍司令部に集められ特命を付与されたのです。いずれも県知事発行の国民学校訓導とか青年学校指導員の辞令を持ち、身分、名前を偽って、指定された離島の住民の間に身を潜め、諜報活動に当たったのでした。

島の人びとの証言によると、山下諜報員は、マラリアを恐れて西表島への移住に反対する住民に対し、「一人でも島に残る者がいたら全員首をはねる」と日本刀を抜いて振りまわし、無理やり移住を強要したとのことです。それも住民を移住させる狙いは波照間島の家畜や食料などを軍に徴発せんがためだったと言われています。

沖縄戦の過程で、八重山郡では全人口の五四パーセントがマラリアを患い、死亡した住民の数は全人口の一〇・四パーセントに相当する三六四七人に上りました。そのうち軍命によってマラリア有病地帯へ強制移住させられて犠牲となった者が三〇七五人もいます。

わたしは、身をもって体験した戦場の模様をほぼ熟知していたので、たとえ文書による軍命の有無は十分に明確でないにしても、国策による戦争で強制的に疎開させられた結果、マラリアに罹ったのだから、国が遺族に補償するのはしごく当然だと考えていました。

ところが、厚生省（当時）に掛けあってみますと、「軍命があったかどうかが、問題になる。戦争の犠牲者は全国にいる。そのすべての人びとに補償するわけにはいかない」と言われました。戦火に巻き込まれ混乱の最中に発せられた軍の命令書などは、敗戦後、焼却されたこともあって、軍命の有無を文書で証拠づけることは至難な業でした。

口頭による命令は、消えてしまうので証拠たり得ません。ならば軍命がなかったということも証明してもらう必要があります。しかし、それもなされないので、このまま三〇〇〇人以上もの犠牲者の問題を放置するわけにもいきません。元軍人が恩給や年金で補償されているのに、同じく戦争で犠牲になった人びとがなんらの補償もなされないのは、どう考えても不条理に思えたからです。

わたしは、県の担当副知事に「厚生省の廊下に座り込むくらいの気構えで交渉してほしい」と指示するとともに徹底的に資料を収集させました。

そのうちに、遺族会や琉球大学の研究者らの手によって、戦時中の市長や住民の日記、手記、手紙など膨大な資料が集められました。わたしは、県の強い意向を体し、それらの資料を持って再び厚生省に掛けあい、援護法にもとづく遺族補償を強く求めました。

ところが、国は最後まで「軍命があったとは証明されない」という立場をとりました。あげく最終的には遺憾ながら「マラリア犠牲者慰藉《いしゃ》事業」といったいわば玉虫色の政治的決着で妥協せざるを得ませんでした。この妥協案は、国が八重山平和祈念館と慰霊碑の建設をなす。さらにはマラリアによる死亡者の慰藉のための資料収集、編纂事業を行う一方、遺族の方々には当時の状況についてインタビューすることへの謝礼という名目で見舞金を出すというものでした。わたしは、なんとも割り切れない気持ちでしたが、少しでも遺族のプラスになればと思い、不満を抱きながらも受けざるを得なかったのです。

現在、石垣市のバンナ公園にある**「八重山戦争マラリア犠牲者慰霊之碑」**は、このマラリア犠牲者慰藉事業の一環として、遺族等からなる「沖縄戦強制疎開マラリア犠牲者援護会」の惜しみない協力を得て建立したものです。この碑の内部には、遺族たちがそれぞれの思いを込めて死亡者の名前を記した小石が収められています。

なお、同時に「慰藉事業」の一環として建設された八重山平和祈念館は、戦争マラリアの実相を正しく後世に伝え、平和の発信拠点を形成することを基本理念にして、一九九五年五月に、石垣市新栄町《しんえい》に完成させたものです。同館には、八重山マラリアに関する資料と死亡者の遺品等が常時展示されています。

また、波照間島の住民たちが強制的に移住させられた西表島の南風見には、現在、**「忘勿石の碑」**が建てられています。

一九五三（昭和二八）年、西表島の南風見の海岸の岩盤に、沖縄戦当時、波照間国民学

忘勿石の碑
（竹富町字西表南風見）

識名先生がぬぎりぬぱの岩盤に刻んだ
「忘勿石　ハテルマ　シキナ」の文字

八重山戦争マラリア犠牲者慰霊之碑（石垣市字石垣）

校の校長をしていた識名信升《しきなしんしょう》氏（故人）が、痛苦の思いを込めて刻んだ「忘勿石　ハテルマ　シキナ」という文字が発見されました。識名校長は、この「忘勿石」については生前一切口にすることはなかったようですが、のちに、なぜこの文字が刻み込まれたかが明らかとなりました。

それは、当時、同校長がマラリアで亡くなった教え子たちに対する追悼の念と、波照間の住民が強制疎開によって悲惨な犠牲を被った事実を絶対に忘れてはならないという思いから、「波照間の住民よ、この石を忘れるなかれ」と疎開先の西表島から波照間島へ帰る直前に岩盤に刻んだというものでした。その場所は、当時、識名校長が子どもたちを集めて入学式を行い、授業を再開した場所だとのことであります。

「忘勿石の碑」は、この逸話を知った波照間の人びとや教え子たちが中心となって、一九九二（平成四）年八月に、恩師の遺徳をしのび、マラリア犠牲者を供養するために建立したものです。同碑には、識名校長の胸像と碑文があるほか、「軍命による強制疎開の為、風土病の悪性マラリアに罹患、戦わずして尊い人命を失った」人たちの名前も刻まれています。

また、波照間島の港の近くには、西表島に向けて**「学童慰霊碑」**が建てられています。

この慰霊碑は、一九八四（昭和五九）年に、戦争マラリア事件を忘れまいと、島の有志によって建てられたもので、マラリアに罹り幼い命を喪った六六人の子どもたちの霊を祀ってあります。

4 「石垣島事件」と「米軍飛行士慰霊碑」

二〇〇一（平成一三）年八月一五日、石垣市のバンナ公園で、三人の米軍人を慰霊する**「米軍飛行士慰霊碑」**の除幕式が行われました。

沖縄には、四〇〇基を超す「慰霊の塔」がありますが、日本人が建立した塔の中で、米軍の兵士を祀ったものは、わたしが知る限りでは、「平和の礎」を別にすれば、この塔（碑）を含めふたつあるだけです。

同碑の碑文には、つぎのように刻まれています。

「太平洋戦争末期の昭和二〇年四月一五日の朝、石垣島に来襲した米空母マカースレイトの雷撃機グラマンTBFアヴェンジャー編隊の一機が、日本海軍警備隊の地上砲火で撃墜された。パラシュートで大浜沖合に落下した三名の飛行士は海軍兵士に逮捕され、捕虜となり、警備隊本部のあるバンナ岳麓で、瀕死の暴行を受け、同日夜処刑された。捕虜の虐待は『捕虜の待遇に関する条約（通称ジュネーブ条約）昭和四年』で禁止されていた。ティボ中尉とタグル兵曹は軍刀で斬首、ロイド兵曹は多数の兵士達の銃剣による刺突《しとつ》で無残にも殺害された。これは戦争がもたらした非常に悲しい事件であった。……

人道上から日米が協力して、無念の死を遂げた米兵士の御霊を慰めるため、ここ石垣島に慰霊碑を建立する。碑が、日米の平和・友好の発展に寄与し、かつ人間として持つべき平和を希求する心と決して戦争があってはならないという固い誓いを後世に正しく伝え、世界の恒久平和の実現に寄与することを祈る。」

この碑を建てた「米軍飛行士慰霊碑建立期成会」の顧問、琉球大学の篠原武夫《しのはらたけお》教授は、除幕式での挨拶で建立の経緯について、要旨つぎのように語っています。

米軍飛行士慰霊碑（石垣市字新川）

「八重山の戦争マラリア事件の国家補償問題を解決するため資料を収集している過程で三人の米兵士殺害の残虐性を知った。……慰霊碑を建立して犠牲者を慰めることをしないと、この悲しみは永遠に続くと考え、日米が協力して碑を建ててくれるよう訴えた。その結果、大浜長照《おおはまながてる》石垣市長が人道上および日米の平和、友好の発展の見地から、慰霊碑建立の決断を表明し、それを受けて米軍人ティム・ウィルソン氏が米国市民の立場から賛同し期成会が誕生した。この慰霊碑は、日米の市民レベルの有志によって建立された碑である。」

日本軍の守備隊が米兵三人を虐殺したこの事件は、「石垣島事件」として知られています。それでは「石垣島事件」とは何か、一部、碑文と重複するところもありますが、沖縄の伝統的な平和思想のことについても触れながら、いま一度振り返ってみることにします。

一九四五（昭和二〇）年四月一五日、八重山群島の石垣島に一機の米爆撃機が同島の海軍守備隊に撃墜され不時着、三人の飛行士が捕虜にされました。捕虜にされたのは、バーノン・ローレンス・ティボ中尉（機長・二八歳）、ロバート・タグル・ジュニア兵曹（砲手・

二〇歳）とウォーレン・H・ロイド兵曹（通信手・二四歳）の三人。
彼らは、直ちに石垣島海軍警備隊司令の井上乙彦《いのうえおとひこ》大佐の率いるバンナ岳ふもとの警備隊本部に連行されました。そこで両手両足を縛られたまま監視付きで防空壕に三日間ほど放置される一方、警備隊副官の井上勝太郎《いのうえかつたろう》大尉から厳しい訊問を受けました。その後、三人の捕虜は、警備隊本部の南東約六〇〇メートルの地点に連れ出されて、ティボ中尉とタグル・ジュニア兵曹の二人は日本刀で斬首され、約半時間後に、ロイド兵曹は銃剣で刺殺されました。（森口豁『最後の学徒兵——BC級死刑囚・田口泰正の悲劇』講談社、一九九三年）
殺害に際し、ロイド兵曹が反抗的態度を見せたとの理由で、死後にあらかじめ用意されていた墓穴のそばに立てられた棒に目かくしされたまま縛り付けられました。あげく最初に指揮官が銃剣で模範突きをした後、五〇人近くの部下に約半時間ほど順ぐりに胸や腹を刺突させせました。
捕虜は、本来なら「捕虜の待遇に関する条約」（通称ジュネーブ条約、一九二九年）にもとづいて、沖縄本島の守備軍司令部か、その上級機関である台湾の第一〇方面軍に連行し、必要とあれば軍法会議にかけ、その決定にもとづいて処罰するはずでした。しかし、これらの米兵捕虜に対する処刑は、上級機関の指示を仰がなかっただけでなく、軍法会議の判決も経ずに、石垣島警備隊の将校が話し合って決定したのでした。ちなみに公判記録によると、同警備隊の将校らが勝手に処刑したのは、つぎのような理由からでした。

一、捕虜を台湾か沖縄本島に送ろうにも船もなければ飛行機もなかった。

二、捕虜を監視するための人手不足に加えて、食糧不足で、長期にわたる捕虜収容は不可能だった。

こうして独自の判断で現地において捕虜を処刑した後、同警備隊は、三人の遺体を処刑場に事前に掘ってあった墓穴に埋葬したうえ、関連書類はすべて焼却しました。そのうえ、敗戦後の九月になって同島海軍警備隊の関係者は、三人の死体を掘り出して改めて火葬に付し、遺骨はガソリン罐《かん》に入れて西表島沖合の海中に沈めて証拠隠滅《いんめつ》を計ったのでした。

ところが、その後、この捕虜殺害について鹿児島県の方から東京のマッカーサー司令部に告発状が送られ、処刑問題はすぐに表面化しました。あげく戦後二年も経った四七（昭和二二）年夏ごろから被疑者がいっせいに検挙され、同年一一月から翌年の三月にかけて横浜で長期にわたる裁判に付されました。

そして、第一審で四六人の被疑者中、四一人が死刑を宣告されたほか、懲役二〇年と懲役五年がそれぞれ一人、無罪が二人、病気による免訴が一人という判決が下される結果となりました。（小浜正昌「石垣島事件の戦犯として」『沖縄県史　第一〇巻　各論編九　沖縄戦記録2』沖縄県教育委員会、一九七四年）

死刑判決を受けた四一人のうち七人は地元沖縄出身者でした。そのうち一人だけが正規の職業軍人で、残りは現地で召集されたか、志願した俄《にわか》兵士たちでした。しかもそのうちの三人は年齢も二〇歳未満の未成年で、彼らは、事件発生の三、四か月前か、わずか二週間ほど前に自ら志願して入隊したばかりでした。

当初の被疑者の中に、無罪放免となった県出身者が一人いました。彼は仲間が死刑判決を言いわたされると、すぐに上京して減刑運動に奔走しました。彼の依頼を受けて翌四八年三月、東京の沖縄連盟の仲原善忠《なかはらぜんちゅう》会長は、主だった会員四〇人の署名を添えて、長文の嘆願書を、裁判を担当した米第八軍司令官ロバート・L・アイケルバーガー中将宛に提出しました。

仲原会長は、東京の成城学園の教諭で、著名な郷土史家でした。とくに沖縄の『万葉集』と称された『おもろさうし』の研究者としてその名を知られていました。『おもろさうし』は一二世紀から一七世紀にかけての生活万般を歌った歌謡集。仲原会長は、アイケルバーガー司令官宛の減刑嘆願書の中で、つぎのように説いたのです。

すなわち、『おもろさうし』に収録された一五三〇首の古歌謡と、琉球古来からの伝説を収録した『遺老説伝《いろうせつでん》』という著作の一四二話と合わせて一六七二もの貴重な資料を調べたところ、「殺す」という言葉がない。「殺す」という言葉がないのは「殺す」という意識がないことを意味するのです、と。そのうえで仲原会長は、とくに琉球の「非武の文化」の特質について言及し、情理を尽くして刑の軽減を訴えたのでした。

沖縄はかつて琉球王国という小さな独立国であった。そこでは、一五世紀後半から一六世紀前半にかけて約五〇年も在位した尚真王《しょうしんおう》が、国内のすべての人びとに対し武器の携帯を厳しく禁じていた。その結果、琉球は「武器のない国」として、また琉球の人びとは、戦争を忌み嫌い、いかなる争い事も暴力を用いずに話し合いで解決するのを常とする。そして外来の訪問者に対しても礼儀正しく、親切にもてなすところから琉球の人びとは「守礼の民」として広く海外にまでその名が知れわたっていた。

その証拠に一八一八年に琉球を訪れ、四〇日間ほど王城のある首里《しゅり》に滞在したイギリス海軍のバジル・ホール大佐が、帰国後に刊行した『大琉球島航海探検記』という本には、つぎのようなエピソードまで紹介されているほどである。

すなわちホール一行が英国への帰途、セント・ヘレナ島に寄港して、折からそこに幽閉《ゆうへい》されていたナポレオンに会った際、琉球には、いかなる武器もなければ戦争もないと語ったところ、ナポレオンは、この世に戦争がない国があるはずがない、信じられない、などと大声で叫んだ。このように琉球王国には、武器は一切ないので、素手で身を守る空手が発達したわけだが、それも他人を攻撃するためではなく、他人の攻撃から身を守り、難を逃れるためである、と。

さらに仲原会長は、死刑を宣言された地元出身者たちは、一人を除き正規の軍人ではなく農民たちである。彼らは上官の命令に従っただけで、正規の職業軍人同様に死刑に処せられるのは、正義の観点から見ても公平を欠くと思われる。したがって正義を尊重するアメリカの立場から減刑してほしい、と要請したのです。（仲原善忠「石垣島事件――郷土兵戦犯減刑運動報告書」『おきなわ』第一巻第三号、おきなわ社、一九五〇年）

ちなみにこのような沖縄の歴史・文化については、ハワイ大学の人類学者、ウィリアム・リーブラ教授も、日本の文化と沖縄の文化は基本的に違うと言い、日本の文化は「武士の文化」「尚武の文化」であるけれども、沖縄の文化は逆に「非武の文化」（absence of militarism）だと述べ、仲原説を裏付けています。（W・P・リーブラ〈崎原貢、崎原正子訳〉『沖縄の宗教と社会構造』弘文堂、一九七四年）

ともあれ、わたしがアメリカの国立公文書館で入手した横浜裁判関連の資料によると、沖縄連盟の仲原会長が展開した沖縄の平和思想や「非武の文化」の主張が、最終判決にどの程度直接に影響をおよぼしたかは、必ずしも定かではありません。しかし横浜裁判のアメリカ人裁判官六人のうち、四人が何らかの形で沖縄の陳情書に対し考慮を払う必要があると合議した事実は裁判記録からうかがえます。

こうして、沖縄出身の死刑囚は、最終的には一人残らず死刑を免れることができたのです。つまり、沖縄の伝統的な平和思想は、たんなる理念としてあったのではなく、現実に七人の尊い人命を救うほどのインパクトを与えた一好例と言ってよいかと思われます。

最年少の一七歳で死刑を宣告された後、五年の重労働の刑に処せられた一地元出身の少年兵は、刑期を終えて出獄した後、こう述懐したものです。

「思えば、志願兵として入隊し、東西もわからないままただ皇国日本の勝利を信じつつ上官の命令するままに動かされてきた青春。そして戦犯として五年余り刑務所生活を余儀なくさせられた青春。平和時の今日よく考えて見ると同じ人間でも戦時下の人間は精神的状態が異常になるのです。それは戦前の教育に問題があったのです……。」

「戦争は各国の事情で起こしているのではない。精神状態の狂った人間をつくり出すことによって起こしているのです。そういうことを私は学ばされました。人間の生命、人格が尊ばれる社会こそ戦争を否定する社会だと思います。それは真実を教える教育がなされてはじめて可能だと思います。そしてわたしたちは、毎日毎日の生活の中で正しい教育、正しい社会をつくるためがんばらなければならないと思います。」

一見さりげない表現ですが、その意味するものは、きわめて重いと言わねばなりません。なぜならこの種の捕虜殺害のような超法規的事件は、戦時法制がいかに数多く整備されたとしても、実際の戦争において守られる保障は何もないことを端的に示しているからです。「石垣島事件」は、教育の影響力の怖さについても如実に物語っています。その意味で後世の世代に貴重な教訓を残しているのではありませんか。

なお、昨年（二〇〇五年）四月一五日に同米軍飛行士慰霊碑の慰霊祭が行われました。そのさい、大浜長照石垣市長は、「碑の横には日本国憲法九条の碑を建設した。この九条の意味する非戦の心こそが、三人の米兵にとって一番の供養になるだろう」と挨拶しました。

また当時米兵らが乗った飛行機が墜落するのを目撃したという仲座栄昌《なかざえいしょう》さんは、「当時は米兵らを処刑した話を聞いても何の疑問も感じなかったが、今思うとかわいそうなことをした。戦争は本当にむなしい。それなのに戦後六十年のいま、再び戦前に逆戻りしそうな雰囲気で心配です」と胸を曇らせたと地元の新聞は伝えています。（『沖縄タイムス』二〇〇五年四月一六日付）

このような事例からも戦争で受けた人びとの心の傷は、いまもって疼き続けていることがわかります。

ところで、アメリカの著名な軍事記者ハンソン・ボールドウィン氏は、沖縄戦について「醜さの極地だ。それ以外どう説明しようもない」と報じたものです。

5 「久米島事件」と「痛恨之碑」

その醜い沖縄戦の内実を象徴的に示す一例に「久米島事件」があります。

久米島は、沖縄の県都那覇市の西方約九二キロ、東シナ海に浮かぶ周囲四十数キロの小さな島です。同島は、仲里村《なかざとそん》と具志川村《ぐしかわそん》の二つの行政区域からなっていましたが、さる二〇〇二（平成一四）年に合併して久米島町となりました。

この島の字西銘《にしめ》（旧具志川村）大田辻《おおたつじ》というところに、**「痛恨之碑」**という慰霊の塔が建てられています。サトウキビ畑の中、高さ約二メートルのモルタル製の擬岩にはめ込まれた黒花崗岩《くろかこうがん》の石板には、「天皇の軍隊に虐殺された久米島住民・久米島在朝鮮人　痛恨之碑」と、大方の碑文とは異なる文言が刻まれています。

沖縄戦では、沖縄守備軍による住民殺害事件が各地で幾度となく繰り返されました。そのうち最も象徴的で陰惨な住民殺害事件が「久米島事件」として知られるものです。久米島では、沖縄戦で四〇人の犠牲者が出ましたが、そのうちの二七人は、敵によってではなく同島守備軍の友軍兵士によって殺害されたのです。しかも二〇人は地元住民で、それらの犠牲者を祀る塔がこの「痛恨之碑」なのです。

では、「久米島事件」とは、一体どんな事件だったのでしょうか。

久米島の東北部には高さ約三一〇メートルの宇江城《うえぐすく》岳があります。そこに鹿山《かやま》正兵曹長が指揮する約三〇人の海軍守備隊が駐留していました。彼らは宇江城岳の頂上に電波探知機を設置して沖縄本島の守備軍との通信連絡業務に当たっていました。

一九四五年三月一日に、久米島全域は米艦載機の空襲を受け、民家二一軒が全焼、その後、罹災者の数は、日を追って増大していきました。このころから同島海軍守備隊の指示で仲里・具志川の両村から陣地構築や食糧確保のために一日にそれぞれ九〇人余の住民が労役に駆り出されるようになりました。それとは別に各字ごとに独自の義勇隊も結成して、同守備隊に協力するようになりました。

義勇隊は、村役場と山岳部に身を潜める海軍守備隊との連絡係を務めるのをはじめ、陣地構築や食糧増産など、沖縄本島の防衛隊員と同様にさまざまな軍業務に従事させられました。やがて沖縄本島での戦況が急速に悪化したのにともない、負け戦の暗い影が、この島を覆《おお》い尽くすようになりました。そんなとき、住民を巻き込んだ悲惨な事件が起きたのです。

同年六月一三日の夜半一一時ごろのこと。米潜水艦から夜陰に乗じて上陸した十数人の米兵が具志川村の字北原《きたはら》の海辺で牧場を経営していた宮城《みやぎ》栄明《えいめい》さんの家へ押し入り、寝ていた義弟（中学生）と耳の不自由な年配の従業員、それに隣家の農夫、比嘉《ひが》亀《かめ》さんの三人を拉致していずこかへ姿を消しました。

痛恨之碑（久米島町字西銘）
久米島事件の犠牲者 20 人を祀る。

すると、その翌一四日、これを知った海軍守備隊長の鹿山兵曹長は、久米島部隊指揮官の名で、具志川・仲里両村の警防団長宛につぎのような命令を発しました。

「被害者ガ本島ノ如何ナル場所ニ上陸帰島スル共其ノ家族ハ勿論一般部落民トノ会話面接ヲ絶対厳禁直ニ軍当局ニ報告連行ノコトニ取扱ウコト」

「敵ガ謀略宣伝ヲ開始スル算大ナリ　依ッテ敵ガ飛行機其ノ他ヨリスル宣伝〈ビラ〉撒布ノ場合ハ早急ニ之ヲ収拾取纏《マト》メ軍当局ニ送付スルコト　妄《ミダリ》ニ之ヲ拾得私有シ居ル者ハ敵側スパイト見做《みな》シ銃殺ス」（内間仁広《うちまじんこう》警防団長の未公刊記録）

これを受けて、具志川村警防本部は、村民にこの通達を要約した文書を配布して周知徹底を図りました。が、連日の激しい空襲で住居を追われたうえ、米軍の上陸に脅えて山間地を右往左往していた村民にその趣旨を十分に知らせることは、不可能でした。しかも同海軍守備隊自体が山岳地帯の洞窟陣地を転々としていたため、地元の人びとにはその所在さえ判明せず、したがって指示どおりに軍へ状況を報告することは、とてもできるはずがなかったのです。そのことが事件を生む一要因になったわけですが、同島守備隊は、一方的に住民の側にそのすべての責任をおっかぶせました。

海軍守備隊は、戦闘を第一義的任務とすることを口実に、自らは食糧増産に携わることもせず、米軍が上陸する前から炊事や洗濯などまで地元の女性たちに押し付けていました。あまつさえ守備隊長は、水商売の女性を自分の壕内に連れ込んでいただけでなく、別の地元の一六歳の女性を雑役婦として、自分の世話を見させるしまつでした。（中村勝《なかむらまさる》『昭和四五年六月より八月の間に久米島大量虐殺事件の真相』一九七二年、糸満警察などへ提出された手書きの告訴状、未公刊文書）

このような状況下で、六月二六日、ついに米軍は上陸を開始。するとその後は、守備隊兵士は、自らの食糧を全面的に村民に供出させたほか、生活のすべての面で地元の人たちの厄介になったのですが、村民の協力に感謝するどころか、戦況が悪化するにつれて地元住民に対し急激に狂暴な態度をとるようになりました。

同年六月二九日、つまり米軍が上陸して三日目、米軍は、先に拉致し去った三人のうち二人を、上陸に際して連れ帰り帰宅させました（一人はその途中で海中に投身自殺をしたとかで行方不明）。

しかし、村役場の職員も集落の人たちも、帰宅した二人を同島守備隊の所へ連行しようとはしませんでした。というより、戦況の悪化でとてもそんなゆとりはなかったのです。そのため何人かの海軍守備隊員が、宮城栄明さんとその家族二人に加え、比嘉亀さんの家族四人と字北原の区長の小橋川《こばしがわ》共晃《きょうこう》さんと同警防団長の糸数盛保《いとかずせいほ》さんの合計九人を宮城栄明さんの家に連行し、一人残らず銃剣で刺殺した後、家に火を放って死体を家ごと焼き払ってしまいました。

被害者の知人や隣人たちは、思いもよらぬ友軍による残虐、非道な殺害を知って恐れおののき、一か月余りも九人の死体を埋葬もせずに放置したままそこへは近づこうともしませんでした。後に被害者の親戚の人たちが死体を埋葬するため殺りく現場に行ってみたら、黒焦げになった死体は、いずれも胸や腹、背中などに何か所も銃剣や刀で突き刺した傷跡があったとのことです。

このように、守備隊への通報を怠ったとして、拉致された被害者の出身集落の区長と警防団長が責任をとらされて殺害されただけでなく、被害者の家族までが冷酷無残に殺りくされたのです。むろん裁判などは問題外の、リンチにもひとしい処刑でした。

同島海軍守備隊による地元住民の殺害は、これだけではありませんでした。

それより先、米軍上陸の翌日、六月二七日に久米島郵便局の有線電話の保守係をしていた安里正次郎《あさとしょうじろう》さんが、自分の家から山手の避難壕に向かう途中、米軍に捕虜にされてしまいました。彼は、米軍指揮官から、「もう沖縄戦は終わっているから同島守備隊も住民も無駄な抵抗を止めて降伏せよ」という趣旨の勧告文を山間部に潜んでいた守備隊に届けるように命じられました。

安里さんは、島の人たちの命が救えるならと、むしろ自ら進んで降伏勧告状を海軍守備隊長に届けたとのことです。すると、鹿山守備隊長は、その場で即座に彼を銃殺にしてしまいました。数日後、彼の妻のカネ子は友軍への恐怖感から、家の近くの山田川に身を投じて死にました。さらにカネ子の母親は、娘の自殺にショックを受け、間もなく娘の後を追うかのように死んでしまいました。

これら二つの事件の後、日本の敗戦から三日後の四五年八月一八日には、さらに陰惨な事件が起こりました。「仲村渠明勇《なかんだかりめいゆう》さん一家の殺害事件」と言われるものです。

殺害された仲村渠明勇さん（二五歳）は、沖縄本島で捕虜になり収容所にいたところ、本島を攻略した米軍が相次いで自分の故郷の久米島に上陸することを知り、何とか米軍の艦砲射撃をやめさせ、可能なかぎり一人でも多く村民の命を救おうと決意。米軍に請われるまま同島守備隊兵士や住民に投降をすすめる宣撫員《せんぶいん》として米軍の上陸に同行しました。そして夜間にひそかに各地に散在する住民の避難所を訪ね、「すでに沖縄本島は米軍の占領下にあるので、無駄な抵抗をせずに山から降りて自分の家に戻るよう」説いてまわりました。彼のそのような言動を守備隊員たちは、スパイと見なし、彼が妻子とともに身を潜めていた仲里村イーフ浜近くの隠れ家を突き止め、妻と赤ちゃんもろとも殺害したうえ、家に火を放って死体と一緒に焼き払ったのです。

戦後、沖縄が日本に復帰した一九七二（昭和四七）年に、被害者の実兄で久米島事件の遺族代表の中村勝さんは、弟の死を殺人事件として糸満警察署に告訴しました。その訴状は、告訴の理由についてあらましつぎのように述べています

「海軍上等水兵の仲村渠明勇は、沖縄本島で戦争に参加、昭和二〇年六月二三日に沖縄守備軍の牛島満《うしじまみつる》司令官らが自刃した後、捕虜にされ嘉手納《かでな》の捕虜収容所に収容された。そこで通訳から近く米軍が彼の郷里の久米島に艦砲射撃をした後、上陸する予定だと聞かされた。驚いた彼は、同じ捕虜収容所にいた同郷の野村健《のむらけん》と比嘉良厚《ひがりょうこう》の両氏と何とか砲撃を止めさせ、郷里の人たちの命を救えないものかと話し合った。

久米島は、ほとんど無防備な上、すでに沖縄本島の戦闘もほぼ終結していたからである。三人は、必死になって米軍の通訳に艦砲射撃の中止を要請した。すると三人のうち誰かが米軍の上陸部隊に同行して、島人たちに無駄な抵抗を止めて降伏するよう

に説得してくれるなら、何とか砲撃を止めさせよう、との返事だった。

ところが野村と比嘉の両氏は、病臥中で動けなかった。それで元気者だった仲村渠明勇が同行することになった。こうして久米島への上陸部隊は、六月二六日午前八時、仲里村の字銭田《ぜんだ》の東海岸に無血上陸を敢行した。

同行した仲村渠明勇は、上陸するとすぐに住民の説得活動に取り掛った。そのことが同島守備隊にばれ、スパイ活動をしていると疑われるのを恐れて、彼は隠密裡に事を運んだ。しかし、小さな島のこと、彼は、すぐに守備隊につけ狙われるようになった。そのため、昼間は仲里村のイーフ海岸に身を潜めて主に夜間に行動するように心掛けた。しかし、日本が八月一五日に無条件降伏をしてから三日目に、彼は同島守備隊に発見され、殺害されたのである。」

久米島駐留の海軍守備隊による住民殺害事件は、これで終わったのではありませんでした。さらに、同年八月二〇日、同守備隊員は、今度は、朝鮮人の谷川昇《たにかわのぼる》さん一家七人を一人残らず殺害するという暴虐の限りを尽くしたのです。

谷川昇一家とは、朝鮮釜山《プサン》出身の谷川昇さん（本名具仲会、五一歳）、妻・ウタ（沖縄本島

久志村出身、本名美津子《みつこ》、三七歳)、長男・和夫《かずお》(一〇歳)、長女・綾子《あやこ》(八歳)、次男・次夫《つぐお》(六歳)、次女・八重子《やえこ》(三歳)、幼児(一歳の未入籍児で氏名不詳)の一家七人です。

事件の概要を記すと、同島守備隊は、なんら裏付け証拠もないままたんに朝鮮人というだけで谷川さんにスパイの嫌疑をかけ、数人の隊員が軍服を民間衣に着替えて、一家の所在を探しまわるようになりました。谷川さん一家は、知人からそのことを知らされ、身の危険を感じて夫婦別々に子どもたちを連れて転々と身を隠していました。しかし狭い島の中とあってやがて発見され、残酷きわまる方法で家族全員が殺害されたのです。

谷川昇夫妻は、戦前、沖縄本島から当初は保険会社の勧誘員として久米島へやってきました。そして具志川村字上江洲《うえず》に居住して夫婦共稼ぎで日用品や雑貨類を行商して生計を立てるようになりました。折しも海上輸送も途絶えがちで日常の生活必需物資はとても不足しているときでした。そのため同夫妻は以前から買いだめしていた品物を少しずつ持ち出して食糧品と物々交換して日々の生活を送っていました。それを鹿山守備隊長は、米軍からもらった品物だと勘違いしてスパイの嫌疑をかけ、殺害せよと部下に命じたのだといわれています。(中村、前掲未公刊文書)

谷川昇さんは、次男の次夫君を連れて字鳥島《とりしま》の区事務所前にある知人の家に隠れているところを数人の守備隊員に発見されました。彼は両手足を縛られ、首にロープを巻き付けられて、数百メートルも地べたを引きずられたあげく、海辺の護岸近くまで行く途中で息を引き取ったとのことです。そこで守備隊員たちは、彼の死体を護岸下に投げ落としたうえ、護岸の上から六歳の次夫君を父親の死体の上に放り投げたのみか、父の死体の上で泣き叫ぶ子どもを銃剣で数か所も突き刺して殺すと、付近の住民に二人の死体を埋めるように命じたといいます。

一方、妻ウタさんは、背中に末子の幼児を背負い、長男和夫の手を引いて字上江洲の前面の田んぼ道を逃げるところを捕まってしまい、幼児を背中から下ろさせられると同時に日本刀で首を切り落とされました。守備隊員は、母親の死体を抱いて泣く長男と幼児の二人をも銃剣で刺殺して立ち去ったと報じられています。

さらに長女の綾子さんと次女の八重子さんは、字上江洲の住家で逃げ惑っているところを民間人に変装した守備隊員が、父母のところへ連れて行くからついておいで、と字山里《やまざと》西方の農道に連れ出して、銃剣で刺殺して死体を放置していたのを、後で付近の住民が埋葬したとのことであります。

これら四件のおぞましい殺害事件のうち、仲村渠明勇さん一家と谷川昇さん一家の殺害事件は、前述したとおり、日本が無条件降伏をした後に発生した出来事です。しかも米軍は、同日八月一五日に村民を村役場に集めて日本の無条件降伏を伝える天皇の「玉音放送」を聞かせていたのです。にもかかわらず、同島守備隊は、あえてこのような無惨きわまる殺害を繰り返したのでした。こうして敗戦後の九月七日に鹿山守備隊長らが米軍に降伏して沖縄本島の屋嘉《やか》捕虜収容所に収容されたとき、守備隊長は沖縄県出身の捕虜たちにリンチされる羽目となりました。わたしは、じかにその場面に居合せ、止めに入ったのでした。

その後、この残虐な事件は、忘れ去られたかに思われました。が、一九七二（昭和四七）年三月に『サンデー毎日』が「沖縄のソンミ事件」として詳しく報道したことで、二十数年ぶりに再び表面化し大きな波紋を巻き起こしました。さらに四月四日にはテレビのモーニングショーで鹿山元隊長と関係者が二元放送に出演したことから、騒ぎはいちだんと大きくなりました。鹿山元隊長は、インタビューに対し、住民を処刑した事実を全面的に認めたうえで、あらましこうに述べて、多くの視聴者に衝撃を与えました。

「私は日本人として、最高指揮官として、当時の処置に間違いがあったとは、ぜんぜん思っていない。いまは、戦争も罪悪視する平和時代だから、あれも犯罪と思われるかもしらんが、ワシは悪いことをしたと考えていないから、良心の呵責《かしゃく》もない。ワシは日本軍人としての誇りを持っていますよ。」

この答弁に対し、具志川村では、同年四月一二日に緊急に臨時村議会を招集し、鹿山正本人と日本政府、そして衆参両院議長宛に決議を採択、一部つぎのような声明文を発表しました。

「いついかなる時代、どのように急迫した場においても人命の尊さを守り通すのが人類社会の鉄則であるにもかかわらず、鹿山隊長は、きわめて希薄な情報や流言、不十分な証拠により、独断で二〇人の村民をつぎつぎ殺害することを命令、あるいは直接銃殺したのである。国民の安全を守り、国家の繁栄を守るのが当時の戦闘目的だったはずにもかかわらず、かかる残酷な行動を命令したのは自己保身のため以外のなにものでもない——極悪非道の行為と断定するものである。」

こうして、具志川村議会は、日本政府が国の責任において最善の処置を講じるよう、要求したのでした。

一方、それを受けて、国会では、沖縄（県）選出の共産党衆議院議員の瀬長亀次郎《せながかめじろう》氏が、七二年四月六日の決算委員会でこの問題を取り上げ、事件の調査と殺された人たちの遺族への補償を強く求めました。

これに対し、政府は調査を約束。そして翌年五月二六日の「沖縄及び北方問題に関する特別委員会（沖特委）」で、社会党の中谷鉄也《なかたにてつや》議員の質問に対し、当時の山中貞則総務庁長官は、「久米島事件は調査の結果、一応明らかになった。したがってこれに対しては、法務省その他とも相談をいたして、国家賠償を含む国の責任を明らかにしたい……。亡くなった人に対しては、万全の措置というのはあり得ないわけだが、最善の措置を講ずるつもりだ」と答えています。

さらに、数日後の衆院沖特委における同じく社会党の中谷鉄也議員の質問に対して山中長官は、「これは国家賠償であるか、あるいはそれに対する遺族扶助なのか、いろいろな問題において具体的な検討をしていかなければなりませんが、その措置をいますぐどうするというところまで、まだ検討が進んでおりません」と述べ、国家賠償法の適用がむずかしい点を示唆しました。と同時に、既存の法律の概念をはみ出るものであれば、必要に応じて新たな立法措置をとることも躊躇《ちゅうちょ》しない旨の答弁をしました。

ところが、その後、五月三一日の参院沖特委での社会党（当時）の田英夫《でんひでお》議員の質問に答え、同長官は、「久米島事件については総理府の調査が終わったが、沖縄では離島を含め琉球列島全体で非人間的な行為が行なわれていたことが明らかにされた。総理府は責任をもって被害にあった人たちに対して国家賠償法を含めて措置を検討したい」として、旧日本軍将兵による住民殺害の事実を公的に認めたほか、国家賠償法の適用も含め対処することを約束しました。

また江崎《えざき》防衛庁長官も、答弁の中で久米島事件については、「戦争という異常事態以上に残虐なもので残念に思う。しかし、二度と再びそのような環境をつくらないよう防衛庁長官としては一番大事な教訓としたい」と抽象的に述べたにとどまっています。

しかし、その一方で吉田最高裁事務総長は、友軍兵士による殺りく行為の処罰については、刑事訴訟法二百五十五条の公訴時効停止制度の規定からすれば、この事件が仮に殺人罪だとしても公訴時効の一五年はすでに切れているものと解するほかない、との見解を示し、加害者への責任の追及はしない意向を初めて明らかにしました。（教科書検定訴訟を支援する全国連絡会編『沖縄戦の実相』ロング出版、一九九〇年）

このように国家賠償を含めて最善の措置を講ずるといった日本政府首脳の国会での約束は、いつの間にかうやむやにされてしまいました。国は住民殺害についての自らの責任を明らかにするどころか、援護審査も回避して、事実関係と違う戸籍記載さえも黙認して被害者の遺族に普通の遺族援護法を適用するだけで幕を引いてしまいました。

このような事例が明証するとおり、戦争時における非戦闘員の被害に対する政府の補償措置には、唖然とさせられるしかありません。それとは別に、ひとたび戦争ともなれば、法律はもとより、軍部の命令や指揮系統さえもまったく機能しなくなったり、「超法規的事態」が現出することも大いにありうることを久米島事件は如実に物語っています。

このように沖縄戦における「友軍」による住民殺害を、たんに個々の加害者の人柄やその言動の問題に帰して事を済ますのでなく、軍隊そのものに内在する本質的問題とかかわらせて考えてみる必要があることは言うまでもありません。

テレビ報道の後に久米島では、住民殺害事件をめぐって島人たちの間に、折から自衛隊が沖縄に派遣されつつあったことと絡めて、事件の背後にある軍隊の本質を問う新しい動きが始まるかに思われました。そのことと関連して最初に友軍による住民殺害事件を報じた『サンデー毎日』の大島幸夫《おおしまゆきお》記者は、つぎのように記述しています。

「その何かとは、単に鹿山発言への反発感情にとどまらず、そうした感情を契機として、鹿山発言の背景にある非道を今日的にあぶり出していく作業であったはずである。そしてまた、そこであぶり出されるのは、帝国軍隊から自衛隊とレッテルを張り替えて再び沖縄に上陸した日本軍の実際であり、その日本軍を送り込んだ日本政府の構えであり、あるいは、軍に先がけて沖縄に勢力を伸張させた本土大企業の実態などでもあったかもしれない。つまり、島人たちは、かつて島で起きた日本軍による犯罪行為を問い返すことを通して、それぞれに沖縄復帰前後の諸問題を実感として自分のものとして、考えつめていくことができたのかもしれなかった。その意味で、久米島で〈はじまりかけて〉いたのは、島民の自立にかかわる大衆的うねりともいうべきものであった」(大島幸夫『沖縄の日本軍——久米島虐殺の記録』新泉社、一九七四年)

だが、大島氏が指摘するとおり、そうしたうねりは、久米島の人びととの内発的な自立への契機をはらみながらも、ついに盛り上がりを見せることはありませんでした。ことのほか共同体の和を大事にする離島環境の中で、折からの事件の政治的拡大を懸念する保守村政とそれと結ぶ保守実権勢力の介在によってその芽が見事に摘み取られてしまったからでした。

ともあれ、久米島事件の犠牲者を追悼する「痛恨之碑」は、『わんがうまりあ沖縄』や『隠された沖縄戦』の著者、富村順一《とみむらじゅんいち》氏と、ひたすらに彼を支援した元拓殖高校教師の桑《くわ》田博《たひろし》氏（故人）、古波津英興《こはつえいこう》氏（故人）らが中心となって建てたものです。すなわち彼らは「『痛恨之碑』建設委員会」を結成して、一九七四（昭和四九）年八月に碑を完成させました。これらの建立者たちは、「これはけして『慰霊の碑』ではない。むしろ死んでいった人々の恨みを刻んだもの」としてことさらに「痛恨之碑」と名づけたと述べています。そして「鹿山事件を私たち沖縄人は　みんなに伝えなければならない。久米島の殺りくを過去のこととして忘れるのではなく　これからの闘いに　結びつけよう。死んだ人の霊にかけても」と記しているのです。（痛恨之碑建設実行委員会「痛恨之碑＝建設レポート＝」一九七四年）

6　朝鮮人強制連行と慰霊の塔

沖縄にも、朝鮮半島あるいは台湾より多くの人びとが強制連行あるいは徴用・動員されて戦争の惨禍に巻き込まれた実情が、近年ようやく明らかになってきました。

朝鮮人の強制連行とは、日本が中国やアジアへの侵略戦争をなすために「国家総動員法」を公布し、それにもとづいて一九三九（昭和一四）年から実施した労務動員計画と国民動員計画により朝鮮半島から人びとを強制的に連行したことを指します。

戦時中はそのほか、「国民徴用令」によって国内からも労務者が多数動員されました。加えて軍人・軍属・女子挺身隊・従軍慰安婦としても戦時動員がなされました。行政手続き上は、一応、「募集」「官による斡旋」「徴用」の三段階に分けられていましたが、実際にはほとんどが強制連行そのものだったことは、否定できません。

朝鮮総督府財務局が大日本帝国議会（第八五、第八六議会）に提出した資料によると、日本国内に約一五〇〇万人、朝鮮国内で約四五〇〇万人、東南アジア方面へ派遣した者約三三万人、その他台湾、サハリン、中国東北部地域などにも強制連行されたとのことであります。（国際人権研究会『慰安婦・強制連行　責任と償い』新泉社、一九九三年）

また、一九四三（昭和一八）年から勤労挺身隊として軍需産業に二〇万人の朝鮮人少女が動員されたとのことです。それとは別に、日本軍の管理下で戦場に動員され、従軍慰安婦として日本軍兵士を相手に強制的に売春をさせられた女性がたくさんいました。

鈴木祐子教授の『従軍慰安婦・内鮮結婚――性の侵略・戦後責任を考える』（未來社、一九九二年）によると、政策的に朝鮮女性たちが大規模な徴発を受けたのは、一九三八（昭和一三）年の初めからでした。

すなわち当時は、関東軍の満州駐屯が長期化し、中国本土に多くの日本軍が投入されるにしたがい、長期的で大規模な戦争遂行のためには、軍人たちに対する統制と士気の振作が要求されました。しかし、日本本土の女性たちを強制的に引っ張ってくることはできなかったので、代わりに朝鮮の女性たちの徴発が始まったというわけです。信じがたいことですが、慰安婦の徴発のために、日本軍首脳と朝鮮総督府、日本の売春業者たちの間で秘密協定が結ばれて、女子挺身隊の徴発は本格化したとのことです。

その後、一九四四（昭和一九）年八月二三日付けで、勅令によって「女子挺身勤労令」

沖縄県内の慰安所（1944-45年）

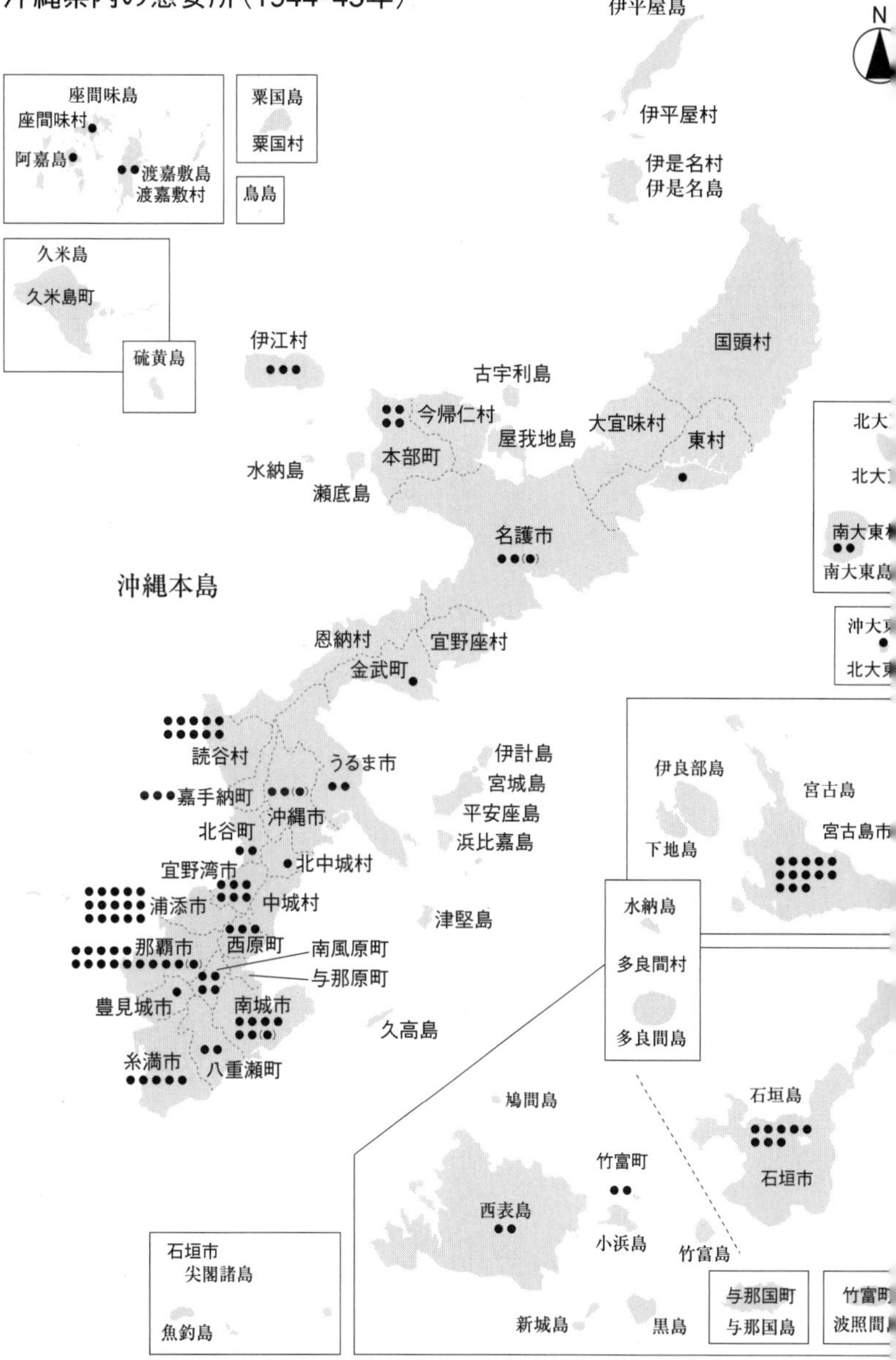

●印は各市町村における慰安所。（数を示すもので位置を示すものではない） 中村文子ほか「戦争と女性—『慰安
ップ』が語るもの」（第5回「全国女性史研究交流のつどい」第1分科会メンバー、1991年）の「沖縄県慰安所マッフ
参考にした。(●)は同マップで「疑問あり」とされているもの。

が公布され、それにもとづいて女子挺身隊の徴発は、名実共に合法的政策として遂行されるようになりました。

沖縄の場合、首里城の地下司令部には、「朝鮮ピー」と蔑称され差別視される女性たちが二、三〇人ほどいました。わたしたち学生は、激闘の戦場にそぐわないその存在を奇異に感じいろいろと噂し合ったものでした。

沖縄県平和祈念資料館には、一九四四年末に守備軍配下部隊・第二四師団第三四七五部隊の「軍人倶楽部ニ関スル規定」という内部文書が収蔵されています。つまり、それは従軍慰安婦と軍の関係を示す証拠文書であります。いまでは、戦時中、沖縄各地に多数の慰安所が設置されていた事実も明らかになっています。


朝鮮人の戦死者を祀る慰霊の塔には、「韓国人慰霊塔」「青丘之塔」「アリラン慰霊のモニュメント」「アジア太平洋戦争・沖縄戦被徴発朝鮮半島出身者恨《はん》之碑」「痛恨之碑」などがあります。

「韓国人慰霊塔」は、摩文仁が丘にあります。一九七五（昭和五〇）年八月に建てられました。

英文、和文、ハングル文字による碑文には、次のようにあります。

「一九四一年太平洋戦争が勃発するや多くの韓国青年たちは日本の強制的徴募により大陸や南洋の各戦線に配置された。この沖縄の地にも徴兵、徴用として動員された一万余名が、あらゆる艱難《かんなん》を強いられたあげく、あるいは戦死、あるいは虐殺されるなど惜しくも犠牲になった。祖国に帰り得ざるこれらの寃魂《えんこん》は、波高きこの地の虚空《こくう》にさまよいながら雨になって降り、風となって吹くであろう。この孤独な霊魂を慰めるべく、われわれは全韓民族の名においてこの塔を建て謹んで英霊の冥福を祈る。願わくば安らかに眠られよ。」

「青丘之塔」は、宜野湾市の嘉数高台にあって、沖縄戦で犠牲となった朝鮮半島出身者（慰安婦三〇人、軍夫三八六人）を祀る慰霊の塔です。

碑文には「日本民主同志会ハ　三八度線板門店ノ小石三八ヶヲ　写経ト共ニ碑礎ニ鎮メイデオロギート国境ト民族ヲ超越シ　人道主義ヲ遵奉シ　哀シキ歴史ヲ秘メタコレラノ御霊ヲ慰霊顕彰スルタメニ　最モ激烈ナル戦闘ヲ展開シタ戦跡嘉数ノ高地ニ建立シタ」とあ

アリラン慰霊のモニュメント（渡嘉敷村字渡嘉敷）
1997年10月、建立。映画「アリラン　のうた」の監督・朴壽南さんのつぎの詩文が添えられている。
「わたしは　どこから来て　どこへ行くものであろう／わたしは自分を捜しに父たちの国　母たちの故郷を訪ぬる／白い一本の恨の道／恨の道をたどれば　死者たちの哭き声が聴こえる／父たちよ　屈辱に　貶められた　母たちよ／わたしは　いま　あなたたちの恨から生まれる／あなたは　わたしなのだ／あなたたちは　わたしの中で蘇る　そしてわたしたちは／あたらしいいのちを産むものとなるだろう」。

アジア太平洋戦争・沖縄戦被徴発朝鮮半島出身者恨之碑
（読谷村字瀬名波）2006 年 5 月建立。

韓国人慰霊塔（糸満市字摩文仁）
平和祈念堂の東隣にある。戦争中、日本の「強制的徴募」によって軍夫や慰安婦として犠牲になった朝鮮、韓国人を祀る。英文、和文、ハングル文字の碑文には、その数「1 万余名」とある。1975 年 8 月建立。碑文の後方にある石塚は、故国の墓を模し、その周りに置かれた大小の石は、韓国の各地より持ち寄ってきたもの。石塚手前の円形広場、中央の矢印は、祖国に帰れなかった戦没者の望郷の思いが届くよう、韓国の方向を指しているという。

ります。一九七一（昭和四六）年三月に建てられました。

「アリラン慰霊のモニュメント」は、渡嘉敷島の字渡嘉敷にあります。かつて日本軍の従軍慰安婦として戦場に連行されて犠牲となった多くの女性たちの霊を追悼し、この過ちを二度と繰り返さないように後世に語りつぐために建てられたモニュメントだとのことです。

このモニュメントは、一九九七（平成九）年、「慰安婦」の存在に光を当てた記録映画「アリランのうた　オキナワからの証言」（一九九八年、監督・朴壽南）の制作に参加した橋田浜子らの呼びかけに応じた全国の人びとによって建立されたものです。同モニュメントは陶製で、渡嘉敷島に新たにそのための窯を築き、県内外の人たちが共同で焼いて作り上げたものと言われています。

「アジア太平洋戦争・沖縄戦被徴発朝鮮半島出身者恨《ハン》之碑」は、今年（二〇〇六年）五月に、読谷村瀬名波《せなは》に建立されました。

この「恨之碑」は、元朝鮮人軍夫の姜仁昌《カンインチャン》さんと徐正福《ソジョンボク》さんの「自分たちが生きているうちに、沖縄の島々に眠る同胞たちを弔いたい」という切実な思いと、その思いに答えた沖縄の人たちとが、「朝鮮半島と沖縄に、向かい合う二つの同じ碑を建立」したものの一つです。韓国の慶尚北道英陽《ヨンヤン》には、一九九九年八月に、韓国側の「恨之碑」が建立されているとのことです。

姜さんは、一九四四年六月ごろ、韓国の慶尚北道から強制連行され、沖縄戦中、慶良間列島の阿嘉島で軍需物資の運搬作業などに従事させられました。守備軍による朝鮮人軍夫への虐殺事件にも立ち会わされたといいます。また、徐さんは、同じ慶尚北道の出身で、宮古島へ連行され、多くの同胞が海の藻屑と消えるのを目の当たりにしたといいます。

同碑には、読谷村在住の彫刻家・金城實さんの、「日本兵に連行され、目隠しをして処刑台へ上る朝鮮人の青年と、足元で泣き崩れる母親」を表現したブロンズ製の「追悼と祈念のモニュメント」が設置されています。

なお、碑の「恨」という文字について、同碑の建立を進める会沖縄の平良修共同代表は、「〝恨〟は、日本語の恨みつらみや復讐を意味しない。仕打ちを受けた傷を心の底に深く刻みながらも、それをばねに新しい共生の道を切り開く未来志向の思想の言葉」であると言っています。（『琉球新報』二〇〇六年五月一四日付）

III　わたしの慰霊の軌跡

1　戦場からの生還

戦時中、沖縄には一二の男子中等学校と一〇の女学校がありました。それらの学校の生徒たちは、ひとしく戦場に駆り出されました。男子中等学校生たちは、それぞれの学校ごとに「鉄血勤皇隊《てっけつきんのうたい》」といういかめしい名称の隊を結成、守備軍配下の通信隊や砲兵隊、あるいはその他の戦闘部隊に配置されました。そして正規の軍人同様に、最前線で戦闘に従事させられました。

一方、一〇の女学校から動員された女子生徒たちは、短期間の即席の看護訓練を受けただけで、准看護要員として各地の野戦病院などに配置され、従軍看護婦並みに戦傷病者の世話に当たりました。

わたしは、沖縄戦が始まった一九四五（昭和二〇）年四月、沖縄師範学校の本科二年に進級したばかりでしたが、鉄血勤皇師範隊の情報宣伝を任務とする千早隊《ちはやたい》に配属されました。千早隊員は、二二人の本科生だけからなり、毎朝、守備軍司令部の情報部から大本営《だいほんえい》発表のニュースを入手して、二、三人が一組となって洞窟陣地や自然壕などに潜む将兵や民間人に宣伝して、戦闘への士気を高める役目を負わされていました。

戦場に動員された男女中等学校の生徒たちのほとんどが、一〇代も前半の若者たちばかりでした。言うまでもなく彼らにとって戦闘は初めての経験でした。

極限状況下の戦場は、文字どおりいくつもの地獄を束にしたような阿鼻叫喚《あびきょうかん》の世界でした。戦争が何たるかも知らない生徒たちは、戦場で正規の軍人も顔負けするほど、いかなる任務であれ、ひたすらに軍命に盲従するだけでした。

その結果、ありとあらゆる苦難に心身を苛《さいな》まれたあげく、半数以上の者があたら若い命を落とす結果となりました。男子中等学校生徒の場合、約一七六六人中八七六人が犠牲となりました。一方、女子学徒隊員は、四五七人のうち一八六人が戦死しました。

わたしは、他の学友たちと同様にスフでできた半袖半ズボンの軍服を着て、ほとんど使い物にもならぬ一梃の三八式銃《さんぱちしきじゅう》と二個の手榴弾《しゅりゅうだん》をもって戦場に出ました。情報宣伝の任務の途中で、ほとんど毎日のように何名かの同行の学友が激しい砲爆撃を浴びて黒焦《くろこ》げになって死んで行くのを目のあたりにしました。その死にざまは、人間の死というより、まるで虫けらのようでした。何人かの遺体は、自分の手で埋めたりもしたのですが、多くの場合、埋めるゆとりさえなく、戦野に放置するしかありませんでした。そのときの辛い思いは、いまも忘れることができずにいます。

そして一九四五年八月一五日。日本政府はポツダム宣言を受諾しました。「神国」皇軍のあっけないほどの無条件降伏による幕切れでした。

しかし、わたしはその後もほぼ二か月余り、摩文仁海岸の岩陰に敗残の身を潜めていました。まわりは風船玉のように膨張した無数の死体の山でした。

わたしは、同僚の宮城光雄《みやぎみつお》君と伝令に行っての帰り、至近弾を浴びて右足に負傷、歩くこともできずにいました。鋭くとがった岩山の上を腹這《はらば》って進む情ないしまつ。そのうちに何日も水も食糧も手に入らず、ときに意識を失うほどの飢餓に見舞われながら、今日死ぬか、明日死ぬかと、もっぱら死ぬことばかり考えていました。いっそのこと、一日も早く死んだほうがよいと、何度腰の手榴弾に手を伸ばしたことか……。

死ぬことに一種の救いを求める日々でした。付近には飢えて目をギラつかせている半裸の敗残兵たちが岩間をあちこちとうろついていました。彼ら守備軍の敗残兵たちは、しばしばわずかの水や食糧欲しさに、味方同士で殺し合う無間地獄の様相を呈していました。それは、夢想さえしないおぞましい悪鬼《あっき》そのものの姿でした。そのようなしざまを毎日のように目撃しているうちに、わたしは極度の人間不信に陥ったものです。

岩陰に敗残の身を横たえている間、目の前の海上では、終日米軍の舟艇が遊弋《ゆうよく》しながらマイクでしきりに投降を促していました。しかし「生きて虜囚《りょしゅう》の恥しめを受けず」という「戦陣訓」の戒《いまし》めに骨がらめにされていたため、声が聞こえるたびに半ば本能的に耳を塞《ふさ》いだものです。敵が空から撒いた宣伝ビラも拾いもせず、足で踏んづけるありさまでした。

ところが、そんなある日、付近の敗残兵たち十数人が集って雑談しているとき、師範学校の附属小学校にあった守備軍司令部の元将校と衛兵をしていた顔見知りの新垣《あらがき》伍長が宣《せん》撫《ぶ》工作員としてわたしたちの「隠れ家」にやってきて、戦争が終わったことを告げました。しかも、何人かのわたしの恩師や級友が生きて捕虜収容所にいることも知らされました。当初は半信半疑で、投降勧告にも決して応じようとはしませんでした。それどころか、まわりの者が敵の回し者だと手榴弾を投げ付けようとしたほどでした。しかし、彼らは諦めず、つぎの日もまたつぎの日もやってきました。何日かたって、彼らは天皇の「終戦の詔《しょう》勅《ちょく》」の写しを持ってきてみんなの前で朗読しました。それについても偽物かもしれないと、多くが疑問視して応じなかったのですが、一緒にいた二人の軍医中尉が詔勅の独特の文体から本物に違いないと強く主張しました。

そこで、みんなで合議の上、ようやく二人の説得に応じて投降することに決めました。そしてわたしたちは、翌日、そろって米軍憲兵のトラックに乗せられて、屋嘉の捕虜収容所に収容され、九死に一生を得ることができたのです。四五年一〇月二三日のことでした。

2　何が間違っていたのか

こうして戦場から解放されたものの、わたしは、同じ一〇代の無数の若者たちの犠牲の大きさ、重さに打ちひしがれ、収容所でも生きた喜びを味わうことはできませんでした。言いようもない悲しみと怒りに、ろくに他人と口をきくこともせず、無為に日々を過すのみでした。その一方で、なぜこのような事態に立ちいたったのかと、いくどとなく自問を繰り返し、痛苦の思いで考えこまずにはおれませんでした。いったい全体、何が間違っていたのか、自分の人生とは何だったのか、と。

もちろん軍国主義教育のせいだとか、皇民化を強制された結果だ、とか理由はいくつもつけられました。が、それらもろもろの他律的な要因もさることながら、より直接的な自分自身の落ち度に目を向けないわけにはいかなかったのです。改めて考えるまでもなく、自分のそれまでの人生は、ひとえに戦争に出撃するための準備期間でしかなかった、との結論しか思い当たりませんでした。

そう思うと、嫌でも惨《みじ》めな気持ちを消し去るわけにもいかず、あげくのはて、自分たちは狂わされていたのではないか、と思わずにはおれませんでした。

わたしは、敗戦後、捕虜収容所にいたときだけでなく、そこから解放された後も、「どうして、何が間違っていたのか」と、自らが戦場の修羅場でずっと考え続けていた問いを引きずるように持ちこしていました。すると、少し後のことになるのですが、一九五九(昭和三四)年六月になって毒舌家として知られた大宅壮一《おおやそういち》氏が沖縄を訪れた際に発したコメントにはっとさせられました。彼は、こう語っていたからです。

「圧倒的に優勢なアメリカ軍が沖縄に上陸してきたとき、沖縄の民衆は日本軍と完全に一体となり、日本軍以上の勇猛心《ゆうもうしん》を出してたたかったのである。この奇跡はどこから生まれたのであろうか。ひとくちにいって、これは教育の勝利である。半世紀にわたって日本の教育をうけ、日本人に同調し、同化することによって、民族性の上で質的に大変化をおこしたのだとでも、見るほかはない。いまさらに教育というものの威力を感じさせる一つの実例といえよう。」

大宅氏は、また、ハワイや北米から南米にかけて日本人の移民先をまわって歩き、外国における日本人のあり方について多くの疑問を抱いたとして、つぎのように指摘していたのです。

「とくに、わたくしにとってときがたいナゾとなったのは、戦後、各地に発生した〝勝ち組〟とその心理であるが、その〝勝ち組〟の多くは琉球出身者である。だれがなんといおうと、どのような事実をつきつけられても、日本の敗戦を信じないばかりでなく、〝負け組〟すなわち敗戦を認めた日本人を襲撃して、これを殺傷するといったような、異常な日本への愛国心、忠誠心を発揮するものが、本土出身者よりも琉球出身者のあいだから多く出たというのはどういうわけか。」

彼は、こう反問し、つぎのように断定したのでした。

「沖縄の人は確かに人がよい。しかし、知性や判断力のともなわない人のよさというものはよろしくない。どういう主人に対しても忠実に仕えた結果が『ひめゆりの塔』や『健児之塔』となった。……あの塔は二度と同じ誤ちをくりかえさないというモニュメントの意味なら結構だが、それを賛美するような風潮は避くべきである。」

「主人を批判する知性や判断力を養うことだ。盲従盲信《もうじゅうもうしん》はいけない。私は方々で舌《ぜっ》禍《か》を起こしている。私としては私の言に対して怒ってくれた方がうれしい。舌禍は効果を招くものだ。それがいくらかでも相手に反省のチャンスを与えたとすれば、むしろ舌禍万歳だ。とにかく沖縄にあること、沖縄の総ての傾向は日本自体にもあることで、これが沖縄の場合、拡大強化されて現れている。日本人の弱点盲点が沖縄ではより強くなっている。質の違いでなく程度の違いで、今日の日本の典型的な姿が沖縄ではくっきりと浮きぼりにされているわけだ。」（『琉球新報』一九五九年六月一一日付）

大宅壮一氏の批判は、わたしの胸に突き刺さるものがありました。一面では、沖縄における植民地的皇民化教育の歪んだありようを見事に剔抉《てっけつ》していたからです。顧みて腹立たしいほど、わたしたちは、大宅氏が言うとおり、なんら批判力のない「忠犬」なみの「動物的忠誠心」の持主にすぎなかったことを嫌というほど思い知らされたからでした。

もっとも沖縄では、こうした発言に対し、大宅氏自らが動物的忠誠心を植え付けた側の人間たることを忘れているとして、反発する者が相次ぎました。

地元の新聞は、わざわざ「島国根性と劣等感と大宅的言動」という社説をかかげ、「大宅の言説の部分的正確さと部分的誤りを自主的に判断しなければならない」と説いたものです。（『琉球新報』一九五九年六月一二日付）

大宅氏は、帰京後、彼の発言に対する沖縄側での反響の大きさを知り、一九五九年九月号の『文芸春秋』に「忠誠あまりにも忠誠」という一文を書いて、こう釈明しました。

「沖縄の靖国神社ともいうべき『ひめゆりの塔』や『健児之塔』に案内されて、非戦闘員である多くの男女学生が、洞窟の中に追いつめられ、米軍の降伏勧告をしりぞけて自決したいきさつをきき、そのむごたらしさに驚くとともに、今後もありうることだから、こういう死にかたというものは、この際再検討されなければならない。その〝忠誠心〟をたたえるだけではいけない。批判をともなわない忠誠心は、その〝純粋性〟の故に美化されやすいが、これは奴隷道徳の一種で、極端な言いかたをすれば、飼いならされた家畜の主人にたいする忠誠心のようなものである。こういった忠誠心は、どうして生まれたかというと、多年この島を支配した権力者の〝動物的訓練〟の結果と見られる点が多分にある。」（大宅壮一『炎は流れる――明治と昭和の谷間』第三巻、文芸春秋新社、一九六四年、傍点は引用者。以下ことわりがない限り同じ）

たしかに大宅氏が言うとおりかもしれないが、ここで事実として指摘しておかねばならないことがあります。それは、彼が言う「多年この島を支配した権力者」がだれであったかと言えば、ほとんどが県外から来た人たちであったということです。

明治の廃藩置県以来、沖縄戦に至るまで、戦前の沖縄の政治、経済、行政、文化、教育、軍事、治安等々の重要な分野は、ほとんどすべて外来者によって牛耳《ぎゅうじ》られていたのでした。県知事や警察部長はむろん、県庁の部局長から課長らのほか、師範学校長をはじめ主要な男女中等学校の校長にいたるまで県外出身者が占めていたのです。

そうした事実を抜きにして、沖縄の極端な皇民化教育のありようや、その影響について他人事みたいに語ることは的外《まとはず》れな面がないわけではありませんでした。

しかし、わたしは、痛い所を突かれた思いがしてなりませんでした。沖縄の教育と言えば、廃藩置県の当初から日本化＝皇民化と軍国民化を目指すものであったことは、否定できないからです。

一八九三（明治二六）年に沖縄最初の新聞として誕生した『琉球新報』は、編集の基本方針の一つに「国民的同化」、すなわち「沖縄県民をして真正の日本人たらしめる」ことを掲げていました。具体的には「我県民をして同化せしむるということは、有形無形を問わず、善悪良否を論ぜず、一から十まで内地各府県に同化すること類似せしむることこれなり。極端にいえばクシャメすることまでも他府県人の通りにするというにあり」と。
（『琉球新報』一八九三年六月一二日付）

一方、県下の教員によって組織された琉球教育会の機関誌『琉球教育』も、日本教育開始の当初から沖縄における教育はかくあるべしと、こう指導したのでした。

「(沖縄は) 我邦版図《わがくにはんと》属島にして本来他府県と同胤同胞《どういんどうほう》の民たることを了解せしめ、我が邦国民として他府県に毫《ごう》も相譲らざる日本人たることを知らしむる教育なり。」「沖縄の教育者の最も重要な任務は、『夫《そ》れ此の民をして軍国の民たらしめること』であり、『本県上流の青年をして忠勇なる軍人たらしめ以て軍人精神、国家思想を頑《がん》迷無知《めいむち》なる一般人民に起こさせること』だ。」

ちなみに教育者たちが言う他府県人同様の「一級の日本人」とか、あるいは「純正の日本人」とはいかなる者かと言えば、一九一一(明治四四)年の尋常小学校修身書の「よい日本人」に述べてあるとおりでした。

「よい日本人になるには、忠義の心を持ち、父母に孝行をつくし、兄弟なかよくし、先生をうやまい、友だちにはしんせつにし、近所の人にはよくつきあわなければなりません……」というわけです。つまり、教育勅語の中身をわかりやすく言いかえた内容のものにほかならなかったのです。そのような教育であったからこそ、沖縄戦における非戦闘員の犠牲が正規の軍隊以上に多かったのも、いわば自然のいきおいだったとも言えます。

大宅氏の批判をまつまでもなく、戦前から戦時中にかけての学生時代、わたしは他の多くの学生同様、天皇あっての国家だとするいわゆる皇国史観以外に物の見方、考え方があるなど知る由もなかったのです。

したがって教科書や教師の教えどおり、神国たる日本がアジアの盟主として大東亜を支配下に置くことは、当然と信じ込まされていました。その一方、天皇のため、国のため命を捧げ忠誠を尽くすことこそが、人間として最善の道であり、正しいことだといった政府権力による上からの教えに疑問をはさむ余地は、まったくなかったのです。つまり、いかなる意味でも主体的に物を見、考えることはできず、教師たちの教えに盲従するしかなかったのでした。

ですから時勢の赴《おもむ》く先を予見し、適切に対応する術《すべ》を提示し得る指導者をもち得るはずもなかったのです。とりわけ戦争が何たるかをまともに説き得る教師をただの一人ももち得なかったことは、わたしたちにとって致命的な不幸だったと言えます。つまり、わたしたちは、文字どおりの「無知」に育て上げられたのでした。

こうして自らが無知だった以上、「指導者に騙《だま》された」などと、自らの非を棚に上げてほかに責任を転嫁してすむわけにもいかず、大宅氏から「動物的忠誠心」と批判されても返すことばもありませんでした。

大宅氏の手厳しい批判にあるように、わたしは何一つとして主体的行動はとれなかった事実を、戦時中から戦後にかけて嫌というほど思い知らされずにはおれませんでした。

3　占領下の遺骨収集

さて、話は捕虜収容所に収容されたところに戻りますが、敗戦後、わたしは固く心に誓ったことがありました。それは、自分が陰惨な戦場から無事に生きのびることができた以上、戦死してしまった恩師や学友たちの遺骨を拾って、遺族の許に返してあげねばならないということでした。

そして生存者の当然の義務として、死者たちのために慰霊の塔を建てて丁重《ていちょう》に弔《とむら》ってあげたい。それと同時に、「二度と再び銃は執《と》るまい、また他人に執らしもすまい」、いかなることがあっても「絶対に戦争には応じない」と強く自らに言い聞かせたものです。

そうした強い思いが、捕虜となった一種の後ろめたさ、屈辱感とないまぜになってわたしの心を満たしていました。そのことは、摩文仁海岸の岩間で、死体の山とともに身を潜めていたときから日夜考え続けてきたことでもありました。

一九四五年一二月末に捕虜収容所から解放されると、わたしは、禁を犯して山づたいに戦後沖縄の中心地となっていた本島中部の石川市《いしかわ》（現、うるま市）にもぐりこみました。当時、石川市周辺は鉄条網のような有刺鉄線でかこわれ、市の出入り口には米軍憲兵がガードして他の集落からの移住を厳重に監視していました。わたしは、山に薪をとりに来た地元の女性に頼んで、一緒に薪をかつがしてもらい石川市の住民になりすましたのでした。

そして翌四六年四月に本島中部の具志川村《ぐしかわ》（現、うるま市）の田場《たば》に隣接してできたばかりの沖縄文教学校に入学しました。そこは学校というような立派なものではなく、急ごしらえの教員養成所でした。戦前の教師たちの多くが戦死したり、敗戦を契機に転職したりで、学校をつくっても極端な教員不足を来していたからです。しかし、学校とは名ばかりの、教室も宿舎も米軍から払い下げてもらったテント小屋ばかりでした。食事も一食が米軍政府から無償配給されたクラッカー四枚だけ。就学期間もたったの四か月でしかありませんでした。

そんなところへ入学してしばらく後、わたしは戦場から生き返った日に自ら心に誓ったことを思い出さずにはおれませんでした。そしてクラスのだれにともなく恩師や学友たちの遺骨収集の件を持ちかけてみました。すると、クラスのほとんどが戦争体験者であったので、話はあっという間に学校中に広がってゆき、クラスの何人かがすぐに賛成してくれました。しかし、そのころは遺骨収集を実行に移すのは、容易ではありませんでした。

米軍は、地元住民が勝手に一つの集落から他の集落へ移動するのを禁じていたからです。ましてや摩文仁のような戦場跡を訪ねたりすることは、いわば軍国主義の名残りの行動と見なされるおそれがあったからです。事実、敗戦後間もなくして米軍政府の下にできた沖縄諮詢会《しじゅんかい》（後の沖縄民政府）もそれを恐れて、遺骨収集は、半ば禁止状態となっていました。

そのため遺骨収集をするうえで最大の障害となったのは、米軍というよりも、むしろ地元の沖縄民政府や学校当局の頑固で反動的な姿勢にありました。

学校当局者は、わたしたち学生が遺骨収集のため南部戦跡への往来を認めてくれるよう米軍に斡旋《あっせん》してほしい、と何度要請しても一向に動こうとはしなかったからです。それどころか露骨に拒否したのです。しかも、その理由がいかにもふるっていました。すなわち、「不必要に米軍を刺激するから」という一言だけなのです。

そのころ米軍は、本島中部の各戦場跡に広大な共同墓地を確保していました。陸・海・空軍それぞれの部隊別に真っ白く塗った小さな十字架を戦死者の数だけ立てて丁重に弔っていました。そこでは、かつての戦友たちが毎日のように水や花を手向《たむ》ける姿が見受けられました。

わたしたちは、その様子をよく知っていたので、学校当局が「不必要に米軍を刺激するから止めよ」といった単純な理由だけで引き下がるわけにはゆきませんでした。そのため何日も何日も学校当局と話し合いを続けました。そして、ときにはこういって学校当局に食い下がったものです。

「遺骨を収集して死者を弔うことがどうしていけないのですか。米軍もちゃんと墓標を立てて慰霊祭もやっています。そういうことは、戦争から生き延びた人たちの当然の義務ではありませんか。」

しかし、わたしたちのこうした主張に対しても学校当局は、決して聞き入れようとはしませんでした。それというのも学校当局には当局なりに、より深刻な理由があったからです。

米占領軍は、戦後一年ほどは、通貨も流通していない状況下の沖縄住民に対し、衣・

白い十字架が並ぶ米軍第 7 歩兵師団の共同墓地（1945 年）

食・住を無償で支給していました。日本本土を攻略するため沖縄に貯蔵していた膨大な量の軍需物資が、日本の予想以上に早い降伏で余ったので、それらを放出したのです。その代わり沖縄民政府を通して住民に対し労務の提供を要求しました。港湾などでの軍需物資の荷役作業などに労働者が必要だったからです。こうして那覇港などでは、地元からかき集められた多くの労働者たちが終日荷役などの重労働に明け暮れていました。

ところが、戦後の混乱した社会が次第に落ち着きを取り戻すにつれて、大小の民間企業がいくつもできるようになりました。それにともない住宅建設なども急速に進みました。すると労働者たちは、民間の職場のほうが労働条件が良いうえ、賃金も高いとの理由で、米占領軍の職場を離れて民間の企業で働く者が急速に増えるようになりました。その結果、米軍の軍需物資の荷役作業などが目立って滞る羽目となりました。

これに怒った米軍政府は、すぐに各地の民間地区に設けられていた食糧配給所の閉鎖を命じて、食糧の配給を停止する挙に出ました。しかもそれ以後は、被占領下の住民が米軍に対して何らかの理由で反発したり、抵抗したりすると、すかさず「食糧の配給を停止する」と脅すようになりました。

そのような事情から学校当局者は、米軍の言動に対しては過度なほど敏感となっていたのです。あげく、遺骨収集を求めるわたしたち生徒にこう言い放ったものです。

「君たちが恩師や学友たちの遺骨を拾ってその霊を慰めたいという純粋な気持ちはよくわかる。だが、君たちの純粋な気持ちが、結果として米軍を怒らせ、食糧配給の停止を招いたら一般の人びとが困るだけでなく沖縄全体に災厄をもたらすことにもなりかねない。だから認めるわけにはいかないのだ。」

いかにももっともな言い分ではありましたが、わたしたち学生も命からがら戦争を生き抜いてきた後だけに、学校当局のかかる弁明に黙って納得するわけにもゆきませんでした。こうして何度も集会を重ね、時には夜を徹して当局との交渉は続けられました。おそらくこれが戦後沖縄での最初の「学生運動」だったにちがいありません。

わたしたちは、当時、戦没者の遺骨を収集したり、慰霊祭を催したりすることを米軍によって明示的に禁止された布告や布令などの文書をじかに見たことはありませんでした。噂で知っているだけでした。しかし、後で知ったことですが、一部の地域ではつぎのように明確に禁止されていたようです。敗戦後、捕虜収容所内で発刊された週刊新聞『沖縄新聞』(一九四六年七月五日付、第一〇号)には、つぎのように報じられていたからです。

「沖縄戦終焉《しゅうえん》以来正に一年、今次世界大戦最終の悲劇の地たる沖縄に若い生命を捧げた幾万の戦友、敗戦の故に今や骨を拾う術《すべ》もなく永遠に草むす屍水漬《かばねみづ》く屍となった戦友の冥福を祈りその霊を安らかに眠らせて平和日本建設の餞《はなむけ》にしたいという希《ねが》いが最近各収容所に起こって来た。

すなわち楚辺《そべ》収容所では慰霊碑の建設を発議《はつぎ》し米軍との折衝を進めている外、他の収容所にも同様な計画乃至《ないし》希望がある事実に鑑《かんが》み島の一隅にせめて一基の碑を設けて戦没者の冥福を祈ることが出来たならばとMP（米軍憲兵、引用者注）当局の意向をうかがって見たところ斯《かか》る企画は遺憾ながら米軍の規定により許されないことが明らかにされた。従って碑を建てるとか合同の慰霊祭を行うとかいうようなことは全く望めないのであってかかる意図を有する向きは慎重なる考慮を払うべきであろう。」（新仮名遣いに直して引用）

ともあれ、そのうちに学校当局者だけでは手に負えないと思ったのか、学校を監督する沖縄民政府文教部から安里延《あさとのぶ》学務課長がやってきて話し合いに干与《かんよ》するようになりました。安里氏は、わたしの師範学校時代の恩師でしたが、わたしたち学生にこう宣言したものです。

「講和条約が締結されるまでは、日本はいまだ米軍とは戦争状態にある。したがって、好むと好まざるとにかかわらず現下の沖縄は、いわば俎上《そじょう》の魚にもひとしい。煮て食おうが焼いて食おうが米軍の勝手である。だから時期が来るまで遺骨の収集は、控えてほしい。」

この発言に対し、文教学校と並立されていた沖縄外国語学校生の稲嶺末智男《いなみねみちお》君が、すぐに反論しました。

「たしかに沖縄は俎上の魚で、煮て食おうが焼いて食おうが米軍の勝手かもしれません。しかし戦争から生きのびたわたしたちが自分の恩師や学友の収骨さえできなければ、もはやわたしたち沖縄人は、米軍に煮て食われる前に、すでに人間として腐っています。」

結局、激しいやりとりの末、ついに双方の間で妥協が成立しました。すなわち収骨は、一度に全学生が参加してやるのでなく、最初は男女生徒の代表四、五人が収骨に当たる。その後に他の学生たちも順繰《じゅんぐ》りに遺骨を収集することになりました。それも、米軍憲兵のジープに乗せてもらって摩文仁一帯で収骨してまわることに落ち着いたのです。つまり、体《てい》のよい米軍の監視付きでやろうというわけでした。

それでもやらないよりはまし、ということで、わたしも最初の組に参加しました。ところが、激しい砲爆撃を受けて摩文仁一帯の戦場跡の山野は地形がすっかり変わり果てていて、自分で死体を埋めたときに目印として置いてあった石などもみんな吹っ飛んでしまい、埋めた場所を確定するのにとても苦労しました。

苦心の末、持ち帰った何人かの遺骨は、きれいに洗い清めたうえで、それぞれ白木の箱に納めて、名前のわかる者については表に記名しました。そして一つのテント小屋を遺骨の安置所に当てましたが、いつの間にかそこは遺骨で一杯になりました。そのころは、だれ言うとなく、自分たちが文教学校に入ったのは、教師になるためというより戦争で犠牲となった人たちの遺骨を拾って弔うためだ、という声が広まっていました。

ところで、収骨はしたものの、今度は、それを遺族の許へ届けるのに苦労の連続でした。戦火で戸籍簿などもすべて焼失してしまい、遺族の方々が果たして生きておられるのか、生きておられてもどこに住んでいるかが、皆目わからなかったからです。

そのころ、石川市では「ひめゆり学徒隊」の引率者として知られていた仲宗根政善《なかそねせいぜん》先生（後の琉球大学副学長、故人）が、テント小屋の自宅にわたしたちと同じように戦没した女子学徒隊員たちの遺骨を安置して、遺族の手許に届けるため一所懸命に努めておられました。

仲宗根先生は当時、沖縄民政府文教部に勤めていましたが、戦争から生き残った小学校の児童たちのために、戦後の学校で使用する独自の教科書を書いておられました。わたしは一時期、先生のもとで教科書のガリ版を切るなどして手伝っていました。それからしばらくたって、ある時、仲宗根先生が、本土から密航船で持ち込まれたと、「日本国憲法」の写しを持って来られ、わたしに読むように、とすすめられました。すでに先生は、新憲法の重要な部分は、大方書き写されたとのことでした。

初めて目にした新しい憲法。わたしはそれを手にしたとき、かーっと全身が燃え上がり身震いしました。そして思わず胸中にこみあげるのを覚えたものです。そのころは、戦場から生きのびたとはいうものの、一種の解放感のほかは、生きている喜びもなければ実感もわかず、文字どおり身も心もボロボロの状態でした。それほど戦争後遺症で心身共に病んでいる状態でした。しかも敗戦後は、価値観が丸ごとひっくり返ったこともあって、前途にいかなる希望を見出せず、いたずらに無為にその日その日を過ごすだけだったからであります。

それだけに新憲法の一語一句が切実に胸にしみました。とりわけ憲法前文の理念と九条の戦争放棄の規定は、まさにわたし自身の気持ちを適確に代弁したにもひとしく、驚喜したものです。

それは、いくどとなく戦場で死と向き合うたびに心の底から希求せずにはおれなかった平和への思いとぴったりの内容に思われたのです。新憲法には戦場で完全に失われていた人間としての基本的権利とともに何よりも戦争を禁じ平和への志向が明確に保障されていたからでした。

わたしは夢中になって、平和憲法の前文と九条をはじめ主要な条文を鉛筆で書き写しました。複写機などない時でしたから、書き写すのに相当の時間がかかりました。が、少しも苦にならず、鉛筆をなめなめ一語一語に力が入ったものです。

こうして新憲法との思わぬ出合いが、わたしに新たに生きる希望と喜びを与えてくれました。まさに感無量でした。言うなれば、新憲法は、誇張でなく、わたしの生きるよすがとなっただけでなく、その後の新たな人生そのものへの最善の指針ともなったのです。

4 金城和信と「魂魄の塔」

さて、四六年七月ごろになり、戦跡での遺骨収集がほぼ一段落すると、わたしたちは、つぎの課題の「慰霊の塔」の建立に取りかかりました。クラスの四、五人で話し合った末、まず手始めに慰霊の塔に欠かせない石柱を探すことにしました。すると与那城《よなしろ》村（現、うるま市）出身の級友が、慰霊の塔の石柱には、トラバーチンという石材が適当だと主張、そのためにトラバーチンの産地として有名な勝連《かつれん》半島に探しに行くことに決めました。

すると思いもかけぬことが起こりました。噂を聞かれたのか、文教学校に隣接してあった沖縄工業学院の某学院長が、わたしのテントに訪ねて来られ、協力を申し出てくださったのです。ご自分で二トン半トラックを運転して、勝連から石材を運んでくださるというのでした。

車のない時代でしたので、こんなありがたい話はなく、わたしたちは大喜びでお願いしました。そして翌日にはさっそく、同学院長が運転する車に四、五人で同乗させてもらい、石柱を求めて勝連半島の与那城村へ出掛けました。

同村では、早くも話が伝わったのか、会う人ごとに、自分の家にある石材を使ってくれ、代金はいらないから、と先を争って申し出る騒ぎとなりました。わたしたちは、村人たちのご厚意に心から感謝しながら、家々の庭先などに無雑作に置いてある中から形のよい適当な大きさのものを一本だけ選んで持ち帰りました。そしてそれを学校の掲示板の前に横たえておきました。

すると驚いたことに、翌日の朝早くから文教学校の隣りにあった中部農林学校の数人の女子生徒たちが、こちらから頼んでもないのに当の慰霊碑にする予定の石材を磨きはじめていたのです。年若い生徒たちの思いもかけぬ献身的な奉仕にわたしは強く胸をうたれました。このように当時は、だれもがそれほど死者たちを追悼したいとする切なる思いを共有していたのです。

しかし、残念なことにわずか四か月間の文教学校在学中には、せっかくきれいに磨き上げられたその石柱を使って、慰霊の塔を立てることはできませんでした。そのことが、同校を卒業して以来、ずっとわたしの胸にわだかまっていました。実現できなかったのには、時間切れといった理由のほかにもいろいろな理由があったのですが、わたしはいつまでも申し訳ない気持ちを拭《ぬぐ》い去ることはできませんでした。

そのうちに徐々に社会が落ち着きを取り戻すにつれて、戦場に動員された男女中等学校の生存者や校友たちが、つぎつぎに各学校ごとの慰霊の塔を建てるようになりました。とりわけ、本島南部の真和志村《まわしむら》（現在は、那覇市と合併）の金城和信《きんじょうわしん》村長は、ひめゆり学徒隊として従軍した信子《のぶこ》と貞子《さだこ》という二人のお嬢さんを亡くされたこともあって、遺骨収集が米軍に対する敵対行為と見なされていたころから、自主的に収骨に取りかかっていました。

敗戦の翌年、一九四六（昭和二一）年一月に真和志村民は、各地の収容所から摩文仁村（現在は、糸満市《いとまんし》に合併）の字米須《こめす》に移動することが許されました。村民は、そこで米軍から払い下げられた約一〇〇〇棟のテント小屋にひしめき合って暮らすようになったのです。

糸満地区隊長のブランナー大尉から真和志村の村長に任命された金城和信氏は、腰を落ちつけると、すぐに芋掘りの農耕班を編成して食糧品の確保に乗り出したほか、家屋資材を集める工務班と機械班を結成するなどして、復興作業に取りかかりました。彼は、真先にテント小屋の警察や病院、学校などをつくりました。

そのころ摩文仁一帯の山野は、戦火で赤黒く焼け焦げ、岩肌は砲火を浴びて白くえぐり取られ、一面は白く剥《む》き出しの岩石に覆われ一点の緑の影さえ見当たらない状態でした。

まわりの畑や岩陰は、いまだ硝煙の臭いが立ちこめ、無数の腐蝕した遺体が風雨にさらされたままでした。米須集落は、激戦地のなかでも被害が大きく一家全滅が目立って多いところでした。

真和志村民は、目を背《そむ》けたくなるそれらの死体や遺骨を見るに忍びず、金城村長を先頭に米軍糸満地区隊長に収骨する許可を願い出ていました。しかし、許可は容易に下りませんでした。

そこで金城村長は、常々「同胞の遺骨を収集したために刑に処せられることがあれば、喜んで首を呈する」ということを公言していたようです。彼は、米軍糸満地区司令部の通訳の日系二世に沖縄の祖先崇拝の念の強さと死者への追悼心の深さを熱心に説いて聞かせました。その熱意にほだされたのか、ついに「収骨のみに限って認める」との文書による許可を得ることができました。

すると金城村長は、米軍の干渉を恐れて尻込みする村民を励まして約一〇〇人からなる「収骨隊」(納骨隊)を結成し、それを三分隊に分けて摩文仁一帯で熱心に遺骨収集を始めました。

ちなみに金城村長の妻のふみさんは、当初の遺骨収集の模様をこう語っています。

「当時遺体は戦没いまだ日浅く、完全に白骨化しておらず、頭髪はほとんどが元のまま残り、なかには皮膚の残った遺体もあった。また大人の遺体の側に、小さな遺体が二、三体重なり合った母子と思われる痛々しいものもあった。……

風雨に曝《さら》されたままの遺体は、……石垣のそばにも、洞窟の中にも、道端にも、至る所に散乱してゐましたが、私たちは、その一体、一体を鄭《てい》重《ちょう》に拾いました。……海岸近くの阿《あ》檀《だん》の中に、一家全員（五、六人）が一緒になって散華したご遺体がありました。それを発見したときは、さすがの納骨隊の方々も、棒立ちになったまま、手をつけることができずにただ顔を見合わせてゐるだけでした。私は、真先に阿檀の中に入ってそのご遺体に手を合わせました。……母の手をしっかり握ったままの小さい女の子や、学用鞄《かばん》を肩からさげてゐた男の子の、見るも痛ましいその場の光景が、今でもこの目に浮かびあがって参りますが、あとでこのご遺体は、喜屋《きゃん》武村の収入役の一家であったと判明しました。」（糸満市史編集委員会、前掲書）

こうして数千体におよぶ収骨した遺体は、担架で海岸沿いの広場に集められました。そ

遺骨収集の様子（糸満市米須）
撮影日はわからないが、戦後間もないころと思われる。

沖縄本島南部、激戦地の壕で続く収骨作業（1966年8月）
2005年度は、81柱が収骨され、累計収骨数は、18万3851柱となっている。

魂魄の塔（糸満市字米須、一九六〇年代）

沖縄戦終焉の地で戦没した三万五〇〇〇柱を合祀する沖縄最大の慰霊の塔。一九四六年二月に、旧真和志村の金城和信村長を中心に、同村の住民によって建立された。碑の裏には、当時糸満高校真和志分校校長であり、遺骨収集、碑建立に協力した翁長助静氏の鎮魂歌「和魂（にぎたま）と　なりてしずもる　おくつきの　み床の上を　わたる潮風」が刻まれていたという（風雨に晒されて現在は判読不能）。毎年、六月二三日の慰霊の日には、各地から遺族が訪れ、一日中香煙が絶えない。なお現在、遺骨のほとんどが国立沖縄戦没者墓苑に移されている。

魂魄

して金城村長は、二人の僧侶にお経をあげてもらい、村民に慰霊の塔を建立する旨、伝えました。そんなことをしたら米軍から何をされるかわからない、と協力を拒否する人たちもいたようですが、金城村長はひるみませんでした。

こうして彼は、米軍のあまったセメントや使い古しの寝台の鉄骨などを利用して、周囲から石を積み上げて納骨所らしいものをつくり上げました。これが、戦後最初にできた慰霊の塔**「魂魄の塔」**です。円形に土を盛り、まわりを石垣で積み上げて上部をセメントで塗っただけの素朴なもの。だが、この塔こそが、いちばん慰霊の塔にふさわしいと言われていて、遺族団などがいまも頻繁に訪れています。

この塔には、三万五〇〇〇体の遺骨が収容されていて、四六年二月二七日に塔の完成と同時に初めての慰霊祭が行われました。

その後、同年三月に、金城和信村長夫妻は、男子学徒たちの御霊も祀りたいと沖縄師範男子部の生徒たちが入っていたという大きな岩に囲まれた自然壕を探しあて、壕の上に一メートルほどの岩石でつくった小さな慰霊の塔を建てました。金城氏は、その塔を**「健児之塔」**と名付けて、自ら石碑にその塔名を刻みました。金城村長は、ほぼ時を同じくして、当初の**「ひめゆりの塔」**も建てました（後に現在の塔に作り替えられました）。

上右：「魂魄の塔」の碑石
上左：金城和信さんが建てた「健児の塔」
下：金城和信さんが建てた「ひめゆりの塔」

真和志村の村民が後に米須から豊見城《とみぐすく》村（現、豊見城市）の嘉数《かかず》に移動した後、今度は元県立一中の教諭で、三和《みわ》村（現、糸満市）の村長の金城《きんじょう》増太郎《ますたろう》氏が、村民と共に納骨堂を建てて学徒たちの遺骨を納めたとのことです。（糸満市史編集委員会、前掲書）

5 「平和の像」建立へ

さて、文教学校を卒業した後、わたしは、果たせなかった全県的な規模と意味合いをもつ慰霊の塔を建立したいとの希望を胸に秘めながら、上京して早稲田大学で学ぶようになりました。一九五〇（昭和二五）年四月のことです。沖縄から戦後初めて受験をして日本留学ができる道が開けたのでした。

大学へ入って間もなく、同年五月にマッカーサーが共産党の非合法化を示唆。翌六月に朝鮮戦争が勃発、七月以降、各地で本格的かつ大規模な共産主義教授の追放（レッドパージ）事件が起こりました。その前後の四九年七月と五〇年五月に新潟大学や東北大学でGHQの民間情報教育局（CIE）顧問のW・C・イールズの講演に学生たちが反対して中止させた「イールズ事件」などを経て、学園は大揺れに揺れていました。

　あげく五二年五月一日のメーデーは、政府が皇居前広場の使用を禁じ、警官とデモ隊が衝突して死者二人を出す流血の惨事となりました。その事件後の五月八日には、「破壊活動防止法（破防法）」とのからみで、関連捜査のため早稲田大学本部構内に入った私服警官を学生が見付け、学内への不法侵入だとして始末書を書くよう迫りました。すると、警官五〇〇余人が大学の本部前に駆けつけ、学生と睨《にら》み合う中で抗議する大学当局と深夜まで交渉を続けていました。私服警官が軟禁されたと考えた警察当局は、翌九日の午前一時二〇分ごろ、大学構内に座り込んでいた約五〇〇〇人の無抵抗の学生に警棒で殴りかかり、重傷者一五人、軽傷者四〇人を出したうえ、二六人を検束する大事件となりました。世に知られる「五・八早稲田事件」がそれであります。

　その最中に、わたしと一緒に入学した奄美大島出身の種田重信《たねだしげのぶ》君（政経学部）が、禁止されていた学生運動に身を投じ、同年秋に大学当局から除籍処分にされました。その結果、留学費用を出していた米軍政府との誓約によって沖縄へ強制送還されることになりました。彼は、沖縄へ帰るのを嫌って東京都内を転々とした末、体をこわしてあっけなく死去してしまいました。

わたしは、種田君とはしばらく同じ下宿に住んでいて食事も分かち合っていただけに、彼の急逝に強いショックを受けました。戦争で一〇代の学友たちを数多く失ったことで、わたしは敗戦後もひどく落ち込んでいました。それだけに、いままた平和時において若い学友の死に直面させられ、ひどく落胆するとともにそれまで以上に強い思いで、慰霊の塔を一日も早く建立したいと考えるようになりました。

しかし、一介の学生の身分では、全県的規模の慰霊の塔を建立するのは、とても手に負えない困難な仕事でした。そのため、さしあたっては、最初に自分と一緒に戦場に出て戦死した沖縄師範学校時代の恩師や学友たちの慰霊の塔を建てることから始めたいと思うようになりました。

大学三年の時、同じく東京にいた師範学校時代の同級生の外間守善《ほかましゅぜん》君と安村昌享《やすむらしょうきょう》君(故人)と語らって、師範学校時代の何人かの級友たちの戦争体験記を一冊にまとめて世に問うことにしました。

わたしは、夏休みに沖縄に帰って、恩師や同級生だけでなく先輩や後輩たちにも体験談の執筆を依頼し、一六人から寄稿を得て東京に持ち帰りました。そして出版社との交渉を始めました。幸いにして早く話はつきました。

それが『沖縄健児隊』というタイトルで日本出版協同株式会社から刊行された本です。わたしは、執筆者を代表して同社の福林正之《ふくばやしまさゆき》社長と出版契約に署名しました。ところが、初めての本の出版とあって、校正の仕方さえわからず、大学の友人たちに日夜手伝ってもらい、やっと仕上げることができたのでした。ところが、同出版社は、期待された印税も払わないどころか、慰霊の塔を建立するために約束した一〇万円の寄付もまったく実行しないまま、間もなく廃業してしまいました。

ところが、思いもよらず、その本が松竹映画株式会社から映画化したいと要請されました。最初に映画化を求めてきたのは東映でした。沖縄出身の比嘉良篤《ひがりょうとく》氏が東映の主だった株主の一人で、すでに同氏は「ひめゆりの塔」の映画化を成し遂げて大ヒットさせていました。

ところがその後、わたしが上京して多忙をきわめていた一九五〇年六月には、すでに同窓の他の学友たちが、沖縄師範学校の戦没者たちを祀る慰霊の塔を、金城和信氏が建てた「健児之塔」の傍らに建てたことを知らされました。すなわち**「沖縄師範健児之塔」**というものです。

そこでわたしは、外間君らと三人で話し合い、映画の原作料で、慰霊の塔を作る代りに

沖縄師範健児之塔（糸満市字摩文仁、建立間もないころの撮影）

一九五〇年六月に沖縄師範健児之塔遺族会の手で建立されたもので、沖縄師範学校の野田貞雄校長ほか、職員、生徒二九〇人を祀る。沖縄師範学校男子部生徒は、職員も含めて三八六人全員が動員された。生徒たちは、それぞれ本部、斬り込み隊、千早隊、野戦築城隊、特編中隊に編成されて戦場に出、二二六人が犠牲となった。仲宗根政善先生は、のちに、この若人の死を悼んで「南の　巖のはてまで　守り来て　散りし龍の児　雲まきのぼる」と詠んだ。

沖縄師範健児之塔

「平和、友情、師弟愛」を象徴する三人の学徒の彫像からなる**「平和の像」**を建立することに計画を変えました。

それで東映と松竹にその趣旨のことをお話しして、映画の上映後に、「平和の像」建立のために応分の寄付をしてもらうことを条件にして、どちらかに映画化させることにしました。じつはほかにも大映をはじめ独立プロなど数社からも映画化したいと要望がありました。が、松竹が、わたしたちの要望にすぐに応じてくれたので、そこに決定したのでした。そこでわたしは、松竹の高村《たかむら》常務との間で、上映契約に署名捺印しました。

わたしたちは、映画化するに当たって、絶対に学徒隊の犠牲をいわゆる殉国美談にしてはならないと深刻に考えていました。そのため映画化に際してはほぼ二か月間、大船の撮影所に通いつめ、「愛染《あいぜん》かつら」や「月よりの使者」などの映画で高名な岩間鶴夫《いわまつるお》監督に、怖い者知らずでいろいろと注文をつけるなどしました。

岩間監督は、わたしたちがいちいち横槍を入れるのに対し、怒りもせずに誠意をもって対応してくれました。またわたしは、シナリオライターの沢村勉《さわむらつとむ》氏と撮影所の近くのホテルに一週間ほど泊り込んで、ああでもない、こうでもないなどと議論をしながらシナリオを仕上げてもらいました。

映画の主役は、木下恵介《きのしたけいすけ》監督の「少年期」でデビューした立教大学出身の石浜朗《いしはまあきら》君と紙京子《かみきょうこ》さんに大木実《おおきみのる》さんでした。わたしは、撮影所で石浜君が軍隊式の挙手の敬礼の仕方がよくわからずに奇妙な仕方をするのを見ながら、彼が永久に挙手の礼など上手《うま》くならない方が良いと（つまり、戦争に動員されることがないようにと）祈る思いでした。

こうして映画の上映後、「平和の像」の制作に当たって、外間君に彫像の制作者への依頼と金策に奔走してもらいました。一方、安村君には会計役を担当してもらいました。

そして外間君の尽力で東京の吉祥寺在住の高名な彫刻家の野田惟恵《のだいけい》氏に制作をお願いすることに決めました。たまたま同氏が、外間君の隣家に住んでいたこともあって、話はトントン拍子に進みました。

こうして立派な作品ができ上がるのを待ち兼ねている最中に、思いもかけぬ支障が生じました。前述したとおり、折からの学生運動の高揚に手を焼いた政府権力や大学当局が露骨に学生たちを弾圧するようになったからです。朝鮮戦争もたけなわのころという情勢の悪化もあって、いつしか権力の側は、「平和」という言葉にさえすぐに反応を示すありさまでした。あげく平和を唱える者には容赦なく共産主義の烙印《らくいん》を押すにいたったのです。そのためキャンパスの掲示板から平和の文字がいつしか姿を消す事態となりました。

わたしは、大学三年に在学中にアメリカ留学の試験を受けて合格、卒業後にアメリカへ留学をすることが決まっていました。ところが、そのような大学の実情から、「平和の像」の制作に危険信号がともったのです。「平和の像」の平和という語句が災いしたのでした。わたしたちの企画がどうしてわかったのか、それからというものわたしは、米軍CIC（諜報部隊。反米的な者の調査にも当たった）の調査の対象にされてしまいました。そして、沖縄と東京での交友関係や読書傾向など下宿先まで片っ端から調べられました。

そんなこともあって、師範学校時代の恩師の平田善吉《ひらたぜんきち》先生が沖縄から手紙や電報で「平和の像」を沖縄に持ち帰ったらアメリカ留学ができなくなるから、「平和の像」の制作を当分、中止するよう再三、警告を受けました。

おまけに大学の某学科主任からは、「『平和の像』を作るなどして平和を志向するのは反体制主義者と同じこと」と一方的に決め付けられ、約束してくれていたアメリカ留学への推薦状の執筆までも断られるしまつでした。しかしわたしは、いかなる政治的党派にも入っていなかったし、また戦時中の苦い体験から、学生時代は勉強に専念すべきだと考え、とくに過激な政治活動をしたこともなかったので、大して気にもかけませんでした。亡き恩師や学友たちの慰霊のために純粋な気持ちで計画した「平和の像」を作るというだけで、アメリカ留学が駄目になってもそれはそれで仕方がないと思い、当初の計画どおりに制作を決行しました。

そして「沖縄健児隊」の映画が封切りされる直前に、立派に仕上った「平和の像」を他の二人と船で沖縄へ送り届け、ついに摩文仁の「沖縄師範健児之塔」のわきに設置することができました。

その碑文にわたしは、ごく簡単に制作の経緯を記しました。幸いにして、「平和の像」の台座は、映画の上映でお世話になった沖映の宮城《みやぎ》嗣吉《しきち》社長が寄贈してくれました。

ちなみに「平和の像」の裏手にある自然洞窟は、戦争中、わたしが足を負傷して歩けなくなり身を横たえていた因縁の場所でした。そこは沖縄守備軍司令部の食糧品を貯蔵する管理部の壕でした。地元から動員された一〇代の若い女性たちが、十数人で炊事や食糧の管理に当たっていました。そこは、大きな岩が屋根のようにかぶさっていて、海岸から近過ぎることもあって、敵の砲撃からいわば盲点みたいになっていました。しかるに戦争も末期になると、それと察してか、米軍は空からガソリンをまき散らしたうえで、焼夷弾《しょういだん》を投下して壕内をことごとく焼き払う挙に出ました。目の前であたら年端《としは》もゆかぬ乙女たちが火事場の木片さながらに黒焦げになって死んでいく姿を手の施しようもなくわたしはた

平和の像（糸満市字摩文仁、建立間もないころの撮影）
大田昌秀・外間守善編『沖縄健児隊』の出版（一九五三年）と、松竹での同名の映画化（一九五四年）による印税を元に、大田昌秀らが制作・建立した。彫刻家・野田惟恵の作で、向かって右側が「友情」、中央が「師弟愛」、左側が「永遠の平和」を象徴するという。沖縄師範健児之塔の隣りに立っている。

だただ目を覆うだけでした。運よくわたしは壕の上部の火の届かない場所に横たわっていたので危うく難を逃れることができたのでした。

例年六月二三日には、摩文仁の「沖縄師範健児之塔」の前で戦没したかつての学友たちの慰霊祭が開催されます。そのたびに、宮古《みやこ》、八重山《やえやま》、伊平屋《いへや》、伊是名《いぜな》、久米島《くめじま》などの離島から出てこられたご遺族の老父母たちが、塔に刻まれたわが子の名前を涙を流しながら指でなぞって何時までも立ち去ろうとしません。そのような姿を見て、わたしたちは慰めることばもなく、頭を垂れるしかありませんでした。その時のやるせない気持ちが胸に焼き付いていつまでも離れてはくれないのです。

子どもに先立たれた親たちにとっては、たった一行の名前だけが、在りし日のわが子を偲《しの》ぶ唯一のよすがとなっているのです。そのような姿をまざまざと見せつけられると、只々、胸をかきむしられる思いがしてならないのです。そしてその都度、わたしは、改めて沖縄戦で犠牲となったすべての戦没者一人ひとりの名前を石に刻んで永久に残さねばならない、との一種の義務感を強烈に覚えずにはおれませんでした。

Ⅳ 「平和の礎」と非戦の誓い

1 「平和の礎」建立の経過とその理念

わたしは、はからずも一九九〇（平成二）年一二月に沖縄県知事に就任しました。それ以来、何とかして長年にわたって抱き続けてきた希望、すなわち沖縄戦で犠牲となったすべての戦没者一人ひとりの名前を石に刻んで永久に残す慰霊の塔の建立を実現したいと真剣に考えるようになりました。

そして県内外の有識者の協力を得て、摩文仁の国定戦跡公園一帯を「沖縄県国際平和創造の杜《もり》」として位置づけ、そこから世界に向けて平和の尊さを発信する構想を策定しました。具体的には、沖縄県平和祈念資料館の拡充と内容の充実、「平和の礎《いしじ》」の建立、そして国際平和研究所の設立を沖縄県の平和行政の三本柱として据えました。

知事に就任した翌年の一九九一年五月、まず最初に県の平和祈念資料館を改築するとともに、展示内容なども大幅に改善していちだんと内容の充実を図りました。

ちなみに沖縄県平和祈念資料館は、その理念を一部つぎのように明示しています。


「……私たち沖縄県民は、想像を絶する極限状況の中で戦争の不条理と残酷さを身をもって体験しました。

この戦争の体験こそ、とりもなおさず戦後沖縄の人々が米国の軍事支配の重圧に抗しつつ、つちかってきた沖縄のこころの原点であります。

〝沖縄のこころ〟とは人間の尊厳を何よりも重くみて、戦争につながる一切の行為を否定し、平和を求め、人間性の発露である文化をこよなく愛する心であります。私たちは戦争の犠牲になった多くの霊を弔い、沖縄戦の歴史的教訓を正しく次代に伝え、全世界の人々に私たちの心を訴え、もって恒久平和の樹立に寄与するため、ここに県民個々の戦争体験を結集して、沖縄県平和祈念資料館を設立いたします。」

こうして同年の六月には、県が委託した「沖縄県国際平和創造の杜」構想をすすめる会の勧告をふまえ、国に要請して摩文仁の沖縄戦跡国定公園の敷地を二倍近く大幅に拡張しました。同時にバスが平和祈念資料館の近くまで入れるようにするため道路を付け替えたりもしました。その結果、それまで公園外にあった**「平和祈念堂」**、これは山田真山《やまだしんざん》翁が九〇歳を超すまでその生涯をかけてつくり上げたものですが、またその前面に隣接する**「韓国人慰霊塔」**を公園内の敷地に包含することができました。

前述したとおり、「国際平和創造の杜」構想は、沖縄戦跡国定公園に樹木を植え、県平和祈念資料館をはじめ、予定された「平和の礎」を中心にして、国際平和研究所を設置して、そこを国際的に開かれた平和発進の地にしようと計画したものでした。

そして、翌九二（平成四）年には、県職員の協力を得て、いよいよ国内外の戦没者の氏名を刻んだ慰霊の碑を**「平和の礎《いしじ》」**と名づけて建立することを県の重点施策の一つに決定することができました。

そのため、できるかぎり多くの県民の平和志向の思いを反映させるため、各界各層から各種の委員会の委員になってもらいました。そして全国の都道府県知事やアメリカの国防長官らに沖縄戦の戦没者の正確な名簿の提供を依頼しました。

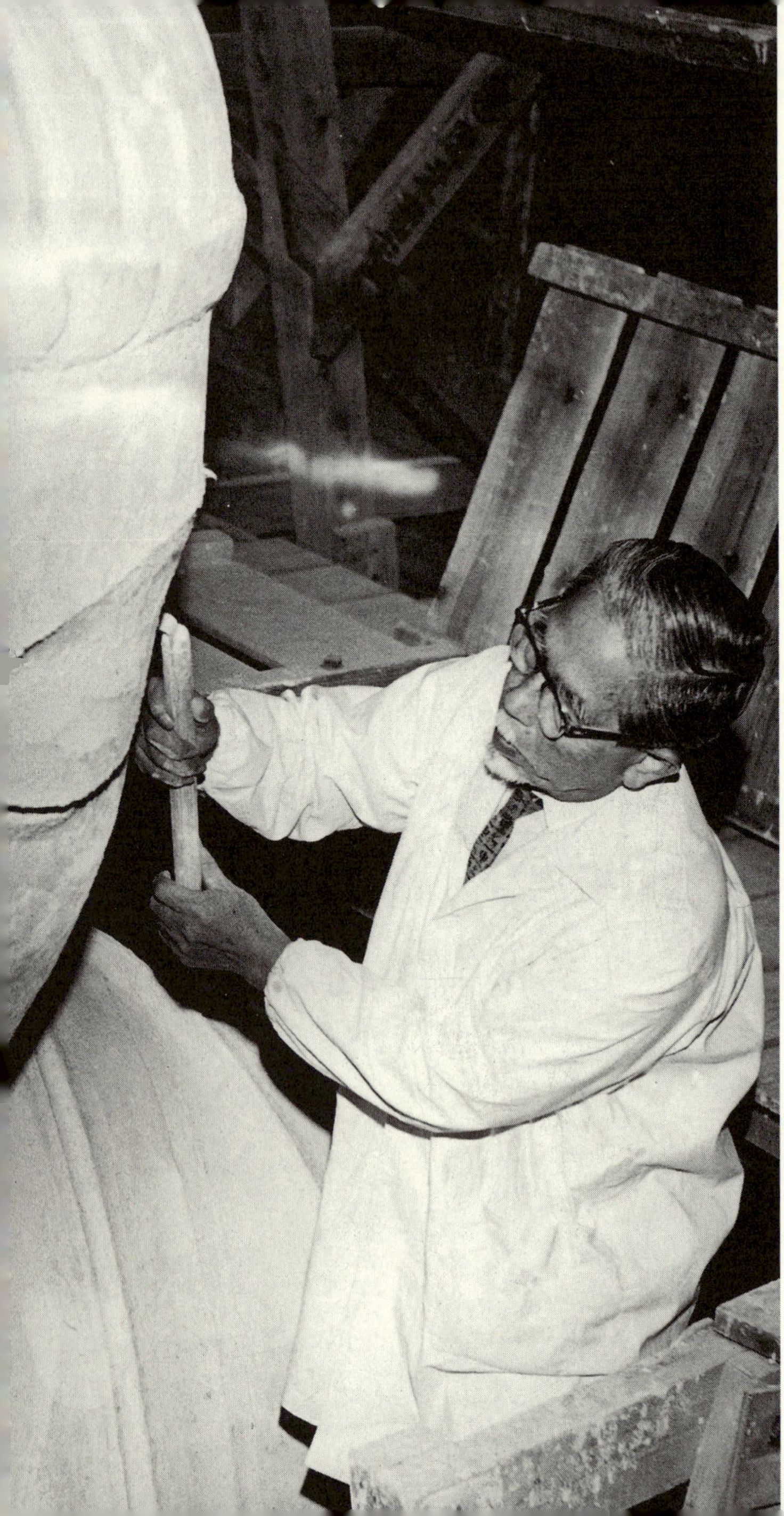

高さ一二メートルの荘厳な座像「平和祈念像」を制作中の山田真山画伯

県内の戦没者の名簿は、県下の市町村から集めるとともに、正確さに万全を期すために各地で説明会を開いたり、わざわざ手持ちの名簿を新聞広告にのせ、間違いがないかをみんなに確認してもらい、少なからず訂正しました。

ついで翌九三（平成五）年八月には、県立芸術大学の山本正男《やまもとまさお》学長（元東京芸術大学学長）に選定委員長になっていただいて、「平和の礎」のデザイン・アイデア・コンテストを開催。翌月九月に国内外から応募した二七四点の中から審査してもらった結果、地元の「グループ鱗《りん》」の作品が最優秀賞を獲得し、そのデザインにもとづいて建設することが決定されました。

デザインは、シンプルなものですが、戦没者の氏名を刻名した黒曜石《こくようせき》が国定戦跡公園の前面に広がる海上に向けて幾重にも波状型に拡大する図形のものでした。つまり「国際平和創造の杜」から世界に向けて平和を発信したいとする沖縄県民の願望が如実に表現されたものとなっていたのです。

一九九四（平成六）年四月には、いよいよ「平和の礎」建設検討委員会が開催されました。わたしは、公用のついでに中国の福建省で「平和の礎」に用いる黒曜石材を見て歩いたりしました。そしてその年、刻名を開始し、翌九五年、戦後五〇周年の節目の年の六月に竣工、検査をすませ、六月二三日の「慰霊の日」に国から三権の長、村山富市《むらやまとみいち》首相、土井《どい》たか子衆議院議長、原文兵衛《はらぶんべえ》参議院議長、草場良八《くさばりょうはち》最高裁判所長官をお招きして無事に除幕式を行うことができました。

こうして「平和の礎」は、県職員の昼夜を分たぬ協力と県民の物心両面からの温かいご支援を得て、五年の歳月をかけてようやく完成することができたのでした。その意味で、県民すべての貴重な慰霊の塔なのです。

「平和の礎」は、沖縄戦における全戦没者の名前を刻名し永久に残すためのものです。その塔には、敵味方の別なく、また職業軍人と非戦闘員の別もなく、さらには男女や世代の区別もなく、おしなべてすべての死者たちの名を網羅して刻んであります。事実の正確さを期すため、戦没者に関する情報の収集には全国はむろん国外まで調査の枠を広げ、可能なかぎり全力を尽くしました。

被刻銘者の中には、敵味方に別れて戦った日本側(地元沖縄出身者も含む)と米英側の戦没者だけでなく、朝鮮半島から強制連行されて沖縄戦で犠牲となった人びとと台湾出身の戦没者の名前も含まれています。

「平和の礎」に外国人犠牲者の名前を刻名するにさいし、ひどく苦労させられたことがあ

平和の礎（全景。建立間もないころ）

「平和の礎」刻銘者数一覧　（2006年6月23日現在）

	出身地	刻銘者数
日本	沖縄県	149,035
	県外	76,796
外国	米国（USA）	14,008
	英国(UK)	82
	台湾	34
	朝鮮民主主義人民共和国	82
	大韓民国	346
合　計		240,383

沖縄県以外の都道府県別刻銘者数　（2006年6月23日現在）

都道府県名	刻銘者数	都道府県名	刻銘者数
北海道	10,796	三重県	2,716
青森県	562	滋賀県	1,691
岩手県	681	京都府	2,542
宮城県	634	大阪府	2,332
秋田県	480	兵庫県	3,201
山形県	854	奈良県	588
福島県	1,002	和歌山県	901
茨城県	750	鳥取県	553
栃木県	691	島根県	739
群馬県	875	岡山県	1,832
埼玉県	1,125	広島県	1,348
千葉県	1,609	山口県	1,203
東京都	3,509	徳島県	1,054
神奈川県	1,328	香川県	1,346
新潟県	1,210	愛媛県	2,079
富山県	877	高知県	1,001
石川県	1,072	福岡県	4,018
福井県	1,184	佐賀県	966
山梨県	550	長崎県	1,598
長野県	1,360	熊本県	1,960
岐阜県	1,021	大分県	1,478
静岡県	1,709	宮崎県	1,853
愛知県	2,971	鹿児島県	2,947
		合　計	76,796

沖縄県内市町村別刻銘者数　(2006 年 6 月 23 日現在)

市町村名	刻銘者数	市町村名	刻銘者数
国頭村	1,785	南城市	8,286
大宜味村	1,478	（玉城村）	(2,456)
東村	620	（知念村）	(1,274)
今帰仁村	2,183	（佐敷町）	(1,678)
本部町	4,111	（大里村）	(2,878)
伊平屋村	314	与那原町	1,961
伊是名村	448	南風原町	4,477
伊江村	2,835	糸満市	11,684
名護市	5,672	久米島町	1,101
恩納村	1,470	（仲里村）	(581)
宜野座村	619	（具志川村）	(520)
金武町	1,408	渡嘉敷村	589
うるま市	7,422	座間味村	678
（石川市）	(1,325)	粟国村	600
（具志川市）	(3,261)	渡名喜村	291
（与那城町）	(1,791)	南大東村	42
（勝連町）	(1,045)	北大東村	9
読谷村	3,856	宮古島市	3,249
嘉手納町	1,436	（平良市）	(1,496)
沖縄市	5,409	（城辺町）	(585)
北谷町	2,312	（下地町）	(491)
北中城村	2,087	（上野村）	(190)
中城村	5,193	（伊良部町）	(487)
宜野湾市	5,421	多良間村	167
西原町	6,280	石垣市	4,387
浦添市	5,774	竹富町	1,138
那覇市	29,398	与那国町	700
豊見城市	4,699	合　　計	149,035
八重瀬町	7,446		
（東風平町）	(4,746)		
（具志頭村）	(2,700)		

ります。それは、朝鮮半島出身者たちの刻名の場合でした。わたしたちが問い合わせたときは、厚生省（当時）にも、また韓国政府にも、沖縄戦で犠牲になった人たちの名簿はない、とのことでした。幸いにしてわたしは公用で韓国を訪ねたさい、秘書とともに、ソウルの国立国会図書館を訪ね、そこで犠牲者のリストの一部を発見、入手することができました。

しかし、そのリストは、すべて日本名で記載されていました。戦前、日本政府によって創氏改名《そうしかいめい》が強制されたからでした。そのため、各人の名前を元の朝鮮名に戻さねばなりませんでした。そのうえで、「平和の礎」に刻名することについてそれぞれのご遺族の許可を受ける必要がありました。そのため三年半余の時間がかかりました。それも韓国の名知大学の洪鐘佖《ホンジョンピル》教授らの献身的なご協力があって初めて可能となったのでした。

戦火で戸籍簿など記録類はすべて焼失せしめられたこともあって、塔に刻まれた、たった一行の名前だけが、その人がこの世に生を享《う》けたことを示す唯一の証《あかし》というケースも少なからずありました。

わたしは、戦没者の名簿を入手するために、韓国政府や独立記念館などを訪ねて自ら調査したほか、宮古、八重山など先島諸島の攻撃にあたった英国軍の犠牲者のリストを入手するためロンドンの戦争博物館にも足を運んだりしました。
しかし、戦没者の名前は、可能なかぎり正確を期したにもかかわらず重複があったり、抜け落ちたり、新たな発見があったりで、いまも毎年追加刻名を続けているありさまです。

2 「平和の礎」は、非戦の誓いの塔

では、いったい、「平和の礎」は、何のため、だれのためにつくられたのでしょうか。
沖縄県は、「平和の礎」を建立した趣旨をつぎのように明らかにしています。

「沖縄県の歴史と風土の中で培われた『平和のこころ』を広く内外にのべ伝え、世界の恒久平和の確立に寄与することを願い、国籍及び軍人、民間人を問わず、沖縄戦などで亡くなったすべての人びとの氏名を刻んだ記念碑『平和の礎』を建設する。」

ちなみに地元出身の死者の場合は、満州事変以降、いわゆる十五年戦争の戦没者を含ん

でいますが、県は、「平和の礎」を建設する基本理念について、つぎの三点に要約しています。

「**戦没者の追悼と平和祈念**……去る沖縄戦で亡くなった国内外の二〇万余のすべての人びとに追悼の意を表し、御霊を慰めるとともに、今日、平和を享受できる幸せと平和の尊さを再確認し、世界の恒久平和を祈念する。

戦争体験の教訓の継承……沖縄は第二次世界大戦において、国内で唯一の住民を巻き込んだ地上戦の場となり、多くの尊い人命、財産を失った。このような過去の悲惨な戦争体験を風化させることなく、その教訓を後世に正しく継承していく。

安らぎと学びの場……戦没者の氏名を刻銘した記念碑のみの建設にとどめず、造形物を配して芸術性を付与し、訪れる者に平和の尊さを感じさせ、安らぎと憩いをもたらす場とする。また、子供たちに平和について関心を抱かせるような平和学習の場としての形成を目指す。」

かつて、仲宗根政善先生は、金城和信氏らが最初に立てた「ひめゆりの塔」や「健児之塔」について、つぎのように記録しています。

「ひめゆりの塔は、沖縄女子師範学校の校友会名『白百合』と、第一高等女学校の校友会名『乙姫《おとひめ》』を合わせて、金城氏が名づけられた。名はひめゆりの塔とつけたけれども、その実は、愛嬢や女子部・一高女の亡くなった生徒だけを祀るつもりではなく、全女子中等学校の戦没生徒を合祀する意図であった。

健児の塔も同じく、(師範学校)男子部の鉄血勤皇隊だけではなく、全男子中等学校の戦没学徒を合祀する意図であった。魂魄《こんぱく》之塔も、住民も兵隊も、沖縄戦で戦没したすべての同胞をお祀りし、この三塔を平和への原点とするつもりであった。」

仲宗根先生は、また「魂魄の塔」を創設した金城氏が、「この塔には地元住民や日本兵ばかりでなく米兵の遺骨もまじっている」と言い、「戦争がすんで、敵も味方もない。皆丁寧にとぶらって霊をなぐさめなければならない」と語った旨、記しています。

これからも明らかなように、沖縄戦で犠牲となったすべての人びとの霊を、国籍を問わずに追悼したいとする思いは、慰霊の塔を建てた人たちに共有されていたのです。つまり、戦場で地獄を体験した人たちは、国籍をこえて人間同士の立場に立って平和を求めたのです。

ですからわたしたちは、たんに敵として戦った米英軍の戦没者だけでなく、朝鮮半島出身や台湾出身の犠牲者をも刻銘することによって、沖縄戦における日本側の被害状況について理解するだけでなく、他国民に与えたわが方の加害の責任についても自覚することがある程度可能になると考えたのでした。

わたしは、そのような思いで、各地の慰霊の塔のいわば集大成とも言うべき「平和の礎」が完成した際の記念式典での式辞で、つぎのように述べました。

「本県は太平洋戦争末期に、一般住民をも巻き込んで展開された熾烈《しれつ》な戦闘の場となり、二十万余の貴い人命を犠牲にしました。国策としての戦争に何ら疑念を抱くゆとりもなく、ひたすらに国策に追従したあげくの甚大な犠牲でした。しかも犠牲者の中には、かつての朝鮮半島から強制的に連行されてきた人たちや、台湾出身の兵士たちも含まれていた事実を、県民は自らの問題として忘れることはできません。それだけに、この地で肉親を亡くした国内外のご遺族の悲しみを共有するとともに、外国籍の死者たちやご遺族の方々に対しても、痛恨の思いを禁じえないのです。

国籍を問わず、また軍人、非軍人の別なく、すべての戦没者の氏名を石に刻んで永久に残すべく『平和の礎』を建立し、追悼の誠をささげるとともに、この地に二度と再び戦争の惨禍をもたらしてはならないとの決意を明確にします……」

わたしの考えでは、「平和の礎」は、たんなる慰霊の塔ではありません。むしろ、それは一口で言えば「非戦の誓いの塔」と言えます。この塔を建立する趣旨、すなわち恒久的平和を創出する理念は、たんに戦争で甚大な被害をこうむった沖縄や日本の人びとだけに限定され、通用するものではありません。広く世界の次代を担う若い世代にも共通の理念として引きつがれるべき意図のこもった普遍的なものです。

それは、沖縄戦の表現を絶する苦い体験を通して得られたものです。すなわち戦争の不条理、愚かさに対するわたしたちなりの認識にもとづいているのです。それはまた、県民に共通の痛恨の思い、悔しさの表明でもあります。

戦争については、体験者それぞれ、百人百様と言ってもよいほど、個々人の体験や認識は異なっているにちがいありません。しかし、何よりも現代の戦争においては、勝者も敗者もいない、ということをはっきりと認識する必要があります。戦争をすれば、敵・味方を問わず、いずれの側も、そのために支払った高価な犠牲に見合う何物も得ることができないのみか、生涯癒《いや》すことができないほど心に深い傷を負ってしまいます。

戦争ともなれば、心に癒しがたいほどの深い傷を負うのは不可避ですが、そのことは、さる沖縄戦の場合も例外ではありませんでした。那覇市近郊の小高い丘、米軍はこれを「シュガーローフ」と称していましたが、その攻防をめぐって一〇日ばかり最も激しい戦闘が続きました。シェファード少将の率いる米第六海兵師団が九度攻略し、八度日本軍によって山頂から追い落とされました。昼に米軍が占拠すると、夜には日本軍が奪回するという攻防戦の繰り返しでした。

そのわずか一〇日ほどの間に三〇〇〇人近くの米軍将兵が、ウォー・ファティーグ（戦闘疲労症）に罹ったと言われています。そのため、わざわざアメリカ本国から特別の病院船が派遣されて治療に当たったほどでした。

そのような事態は、どの戦争でも起こり得ることです。沖縄戦やベトナム戦争の場合も、その好例にすぎなかったのです。最近のイラク戦争においても、ある米陸軍病院の調査によると、イラク帰還兵約四万人の一七パーセントが、うつ病・全般性不安障害・心的外傷後ストレス障害（PTSD）に陥っているると報じられているからです。（『ニューイングランド・ジャーナル・メディスン』二〇〇四年七月一日付）

ところで多額の費用と時間とエネルギーをかけて「平和の礎」を完成させた背景には、戦争の非人道的悪業に対する沖縄の人びとの焼き付くような苦い思いがあります。それだけにたんなる慰霊の塔というよりも、むしろ「反戦の誓いをこめた非戦の塔」という気持ちがこもっているのです。慰霊とは、たんに墓前で合掌し、死者の冥福を祈るということ以上に、より積極的な意味がこもっていると言えます。

その意味で、わたしたちは、政府・与党が「日本の国益を守る」とか、「アジア・太平洋地域の平和と安全を守る」ためと称して憲法に違反する自衛隊の国外派兵を強行したり、沖縄への軍事基地の受け入れを上から押し付ける形で強制したりすることは、明らかに「平和の礎」建立の理念に反するものとして明確に拒否しなければならないのです。

そうすることが、わたしたち戦場から生き残った者にとって、沖縄戦で法的根拠もないまま守備軍司令官の命令で戦闘に動員され、あたら二〇歳にも満たない若さで非業の死をとげた学友たちへのせめてもの慰霊行為になると思うのです。

3 「平和の礎」の課題

さて、「平和の礎」が未来に向けての「非戦の誓いの碑」として、多くの県民の慰霊の心のよりどころの施設となっている反面、「平和の礎」を、県民の深く切実な平和への思いを無視して、さまざまな形で政治的に逆用しようと図る者が出てくるのは半ば不可避とも言えます。その一般的な試みは、戦没者たちの非業の死を「殉国美談」に仕立て称揚することです。あげく「米軍と自衛隊の基地の容認」につなげて政治的プロパガンダに利用するというあくどいやり方をするのです。かと思うと、「平和」という言葉を多用しながら、実際には、戦争の肯定、基地の受忍を求める手法もとられます。

さる二〇〇〇(平成一二)年七月に沖縄で行われた主要国首脳会議(「九州・沖縄サミット」)前日の米国のビル・クリントン大統領の〈「平和の礎」での県民向けスピーチ〉も、その一事例と言えなくもありません。

クリントン大統領は、サミットに出席のため、前日の七月二一日、沖縄に到着するや、

「平和の礎」を訪れ、遺族代表の説明を受けた後、炎天下、噴き出す汗をぬぐいもせず、要旨つぎのような演説を行ったのでした。

「わたしは過去について静かに、そして最も力強く語るこの場所をまず訪れて、この沖縄で命を落とされた人びとを追悼し、その人びとのいまわの際の願い、つまり自らが被った体験や犠牲を将来の世代が強いられるようなことが二度とないように敬意を払いたいと思いました。

こうした人びとは皆、いまのわたしたちのように、家族もいれば友人もいて、愛や希望、そして夢を抱き、もっとよい世の中であったならば、順調な人生を送れたはずの人びとでした。」

「沖縄戦は最も悲惨な戦闘でした。その戦闘を悼んで建立されたこの記念碑は最も強い人類愛を示しています。『平和の礎』の素晴らしさはすべての人の悲しみにこたえているところです。大抵の記念碑は戦争で亡くなった一方の側の人びとだけを追悼するものですが、『平和の礎』は戦った双方の人びと、そしていずれの側にもつかなかった人びとを悼むものです。したがって、『平和の礎』は単にひとつの戦争の慰霊碑という以上に、あらゆる戦争の慰霊碑であり、そのような破壊が二度と人類に降りかかることを防ぐためのわたしたちの共通の責任を想起させてくれているものです。」

以上の文言は、わたしたちが「平和の礎」を建立した意義を正面からとらえた内容となっています。が、クリントン大統領は、語をついで、こう語ったのでした。

「過去五〇年間、日米両国は、この礎の心を持って、そうした責任を果たすべく協力してきました。だからこそ日米同盟関係は維持されていかれなければならないのです。もちろん、沖縄は、この同盟関係維持のために、特に不可欠な役割を担ってきました。わたしは、沖縄の人びとが、自ら進んでこの役割——日本の国土の一パーセントに満たない面積でありながら在日米軍の五〇パーセント以上を受け入れるという役割を果たしてこられたわけではないということをわかっております。わたしは、沖縄の皆さまのご懸念を理解するように努力してきました。わたしたちは五年前に、ここ沖縄の米軍基地統合プロセスを始めました。わたしたちは二七項目の具体的措置に合意しました。」

「この美しい『平和の礎』に込められた希望と和解のメッセージ、そしてアメリカと日本が築いてきた友情は、すべての人の生まれながらの権利であるはずの喜びや可能性を依然として非常に多くの人びとに拒否している、新世紀のあらゆる問題を克服する『橋』を築くことができるという希望を与えてくれます。」（傍点、引用者）

クリントン大統領は、またことさらに沖縄でよく引用される「命《ぬち》どぅ宝」という琉歌をスピーチで使っています。すなわち、「イクサユンスマチ、ミルクユンヤガテ〈ナゲクナヨシンカ〉ヌチドタカラ」（戦争の時代も終わって、幸せな時代が間もなくやって来る。〈臣下の者たちよ嘆くでない〉何よりも命こそが宝として大事にしなさい）という文意のものです。何でもこのスピーチの草稿を準備する段階で、沖縄のある御用学者が提案したようですが、これは一八七九年に、琉球王国最後の尚泰王《しょうたいおう》が詠んだとされるものです。

同大統領は、スピーチを「尚泰王の詩をわたしたちが実現させられれば、この『平和の礎』に名を刻まれた方々にとってわたしたちのなし得る最良の追悼となりましょう」と結んだのでした。（ちなみに、この琉歌は、実際は、山里永吉《やまざとえいきち》氏が「首里城開け渡し」という戯曲の中で王の口を借りて言わしめたものです。故意かうっかり言い間違えたのか、〈ナゲクナヨシンカ〉の部分は、引用から抜け落ちています。）

ともあれ、クリントン大統領のスピーチは美しい言葉が並べ立てられていますが、その真意は、日米同盟関係の維持、そのための沖縄にとって不可欠で重要な役割＝基地の受け入れを支持し、求めるものにほかなりません。したがって、県民の痛切な慰霊の気持ちとはずいぶんとかけ離れているのです。

ちなみに、それより先、「米軍基地所在市町村に関する懇談会」（通称・島田懇）の座長・島田《しまだ》晴雄《はるお》慶応大学教授は、地元紙のインタビューに答えて、サミットの沖縄開催の意義を、つぎのように語っています。

「沖縄の人たちが広大な米軍基地の存在を望んでいないといったイメージが世界に伝わることは米国にとって好ましくない。そこで、米国は、沖縄の人たちは米軍基地が存在する意味を十分に理解し、共に手を携えて世界の平和のアンカーになっているということを演出しなければ政策の意味を問われかねない。沖縄と日本政府と米国が自信を持って、責任あるアジア、世界平和を追求するということを沖縄の人が理解していることを世界に発信することが重要である。」

上：「平和の礎」で燃え続ける「平和の灯」
下：「平和の礎」に刻まれた家族の名前を前に冥福を祈る遺族

これに応じるかのように、その年の六月二三日の「慰霊の日」に開催された沖縄県の「全戦没者追悼式」に、こともあろうに、聞くところによると、会場に金属探知機まで据え付けて、米軍や自衛隊の高官を軍服姿のままで招待する挙に出たのです。これら現職軍人の制服姿での参加は、これが最初で、それ以来二〇〇六年の現在まで続いていて、多くの県民の強い批判を浴びています。つまり、保守県政自体によって長年にわたって培われた県民の理想が裏切られつつあるのです。

ちなみにクリントン大統領が「平和の礎」で日米の遺族の方々と会い、稲嶺沖縄県知事とともに未来への展望を語ったことに対し、作家の嶋津与志《しまつよし》さんはこう批判しています。

「それは過去を安直に清算し、現在の日米同盟を再確認するようなものだ。(平和の礎は)そんな表面的な沖縄とアメリカの和解のドラマの演出に使われるべきではない。米軍基地を認める県政の都合のいいように(平和の)礎《いしじ》を使った気がする。礎に込められた思いが世界に誤って伝わり、取り返しのつかないことになりかねない。」(『日本経済新聞』二〇〇〇年七月二一日付夕刊)

また、沖縄国際大学の石原昌家《いしはらまさいえ》教授も、つぎのように述べています。

「クリントン米大統領の演説は、アジアが平和なのは日米同盟で守られてきたからだと述べており、（実質的軍事）同盟によって平和が守られていると断言していることは、沖縄の人びとが『平和の礎』に込めているあらゆる戦争を否定し、軍事力を用いないで平和を作るという意思をねじまげるものであり、軍事力に頼って平和を実現することを強調しているに過ぎない。そのような内容の演説を『平和の礎』の前ですることは、結局、沖縄県民に引き続き米軍基地との共生を強いるもの……」

同教授はさらに、同年六月二三日の「慰霊の日」の沖縄県戦没者追悼式に参加した小《こ》泉純一郎《いずみじゅんいちろう》総理大臣が、「平和の礎」の前で仰々しく手を合わせるという「参拝」の形式をとったのは、「平和の礎」を神社・仏閣視する行為であり、「平和の礎」の変質化の顕著な動きとして、注視しないといけない、と警告しています。（石原昌家「全戦没者刻銘碑・平和の礎の本来の位置づけと変質化の動き」『国立追悼施設を考える』樹花社、二〇〇五年）

おそらく両者の批判に共感する県民は少なくないに違いありません。いきおいわたしたちは、美辞麗句でもって「平和の礎」の本質が歪曲されてはならないと、声を大にして言わなければならないと強く感じています。

前述したように、わたしは、沖縄県の行政に携わっていたとき、沖縄戦終焉の地である摩文仁一帯を「沖縄国際平和創造の杜」として整備し、世界に平和を発信する地にするということを県の平和行政の基本にすえていました。そのため、平和行政の三本柱を中心に「国際子ども平和館」などいろいろな付属施設もつくり、世界に向けて恒久平和発信の場にするという計画だったのです。（なお、わたしが知事在任中の一九九六年に、在沖米軍基地の計画的、段階的な返還を目指して「基地返還アクションプログラム」〈二〇〇一年までに一〇の基地、同一〇年までに一四、同一五年までに残りの一七の基地返還〉を策定し、政府に提示したのも、平和な社会を創出するという強い思いから出たものでした。）

この平和行政の三本柱のうち、在任中に前二者は実現できましたが、遺憾ながら国際平和研究所の設立は実現できませんでした。（そのためわたしは、退任の翌日すぐに、個人的な平和研究所を設立して国際的な広がりで戦争と平和についての調査研究を始めて現在に至っています。）

ちなみに、「平和の礎」は、敵、味方なく、すべての死者の名前を刻んでありますが、これに対して、「日本軍や戦争犯罪者を免責し、『靖国化』につながるのでは」という批判が一部にありました。

こういった批判に、県が委嘱してできた「平和の礎」検討委員会の座長を務めた石原昌家教授は、こう応じました。

「ドイツでいうと、アンネ・フランクもヒットラーも名前を記録し、それとリンクした資料館では、なぜアンネ・フランクは殺されたか、ヒットラーはなぜ死ぬようなことになったかということを次世代の人たちが、理解できるように戦争の原因を解明し、二度と戦争の起こらないように平和を希求する心を形成することだ。」

その上で同教授は、前述した県の平和行政の三本柱の三つの施設が一体とならなければならないことを強調しています。(石原、前掲論文)

このように、平和祈念資料館と「平和の礎」と国際平和研究所の三者それぞれの機能と役割を持った施設が、いわゆる三位一体で機能することが本来の望ましいありようであり、理想なのです。

「国際平和研究所」については、一九九六年三月に、基本構想を策定するため、「国際平和研究所（仮称）設置検討委員会」を発足させました。そして県は、同研究所設立に向けて、各委員に海外の平和研究所を調査させたりするなど着々と準備を進めていました。

そして、ちょうどわたしの二期目の任期が切れる直前、設立準備もほぼ整い、東江康治《あがりえやすはる》委員長（当時名桜大学学長）から最終報告も提出されたので、事務方に早急に手続きを進めるよう指示しました。

ところが、事務方が設立手続きを進めているところに、新しく誕生した稲嶺県政・与党が、「国際平和研究所設立の手続きは直ちに保留すること」を強く申し入れた結果、設立手続きは事実上、ストップしてしまったのです。返すがえすも残念でなりません。せっかくの県平和行政が中途半端に終わったからです。

一方、「平和の礎」の建立に続いて、摩文仁の平和公園の一角に改築・移設された「沖縄県平和祈念資料館」も二〇〇〇年四月には開館する予定になっていました。県が委嘱した「監修委員会」によって策定された展示内容に沿って展示物の作成が行われているはずでした。

しかし、驚くべきことに、この展示内容が、稲嶺保守県政の手によって、「資料館監修委員」に察知されないようにひそかに変更され続けていたのです。「反日的にならないように」という政府寄り県政の方針によるものでした。これが、地元新聞にスクープされ、一九九九（平成一一）年八月から一〇月まで、いわゆる「沖縄県平和祈念資料館展示改ざん事件」として世間を騒がせる結果になりました。

その過程で、戦時中の沖縄守備軍による住民虐殺や軍隊の残虐性を薄める形で展示内容を大幅に変更するためのメモまで発見されました。それによると、判明しているだけでも変更点は一八項目に上りました。たとえば展示説明の用語では、「虐殺」を「犠牲」と変えたり、展示内容では「日本兵の残虐性が強調されすぎないように配慮する」などといった方針も示されていて、改ざんは資料館の五つの展示室のすべてにおよんでいました。

それによって、戦争の過程において軍民雑居の壕内で子どもがお腹をすかして泣くと、日本軍兵士が米軍に居所が知られることを恐れて幼児を殺害し、口封じをする場面の模型では、日本兵の手から持っているべき銃を取り外したりもしたようです。（石原昌家ほか編『争点・沖縄戦の記録』社会評論社、二〇〇二年）

こうして「資料館展示改ざん事件」は、県民世論の強い抗議を受けて、「展示内容を監修委員会にまかせる」という知事談話で辛うじて決着して、まがりなりにも当初の計画に近い形で開館することになったのです。

稲嶺保守県政による「改ざん事件」は、平和祈念資料館だけにとどまりませんでした。「沖縄県八重山平和祈念館」でも似たようなことが起こりました。

同館は、わたしの在任中の一九九七年に工事を着工し、翌九八年に竣工しました。が、稲嶺県政は、「八重山平和祈念館監修委員会」が作成した戦争にかかわる展示説明のほとんどに大幅に修正を加えたのです。たとえば、戦争マラリア発生の原因となった旧日本軍によるマラリア有病地への「強制退去」という説明用語が、「避難」に変えられたりしたのでした。

この件も、監修委員会の強い抗議と、県民世論の反発を受けて二〇〇〇年四月にはほぼ原案に近い形で決着して、同年一一月に再出発することができたのです。

クリントン大統領の演説をはじめ、こうした慰霊をめぐる新たな動きをふりかえってみると、いまさらのように「国際平和研究所」を立ち上げることができなかったことが悔やまれてなりません。当初の計画どおりに同研究所を設立して、「国際平和創造の杜」構想が、所期の目的どおり十分に機能していれば、このような悪どい事件を惹起する事態も防げたに違いないからです。

と同時に、わたしたちの「非戦の誓い」をより確固たるものにして「非戦の誓い」に逆行するいかなる動きをも厳しく監視し防止することもできたと思われるからであります。

なお、「平和の礎」の今後の課題の一つに、朝鮮半島出身戦没者の追加刻銘の問題があります。

現在（二〇〇六年六月）、「平和の礎」への刻銘者数は、朝鮮民主主義人民共和国が八二人、大韓民国が三四六人で、あわせて四二八人となっています。

日本政府から韓国政府に渡されたという「旧日本軍在籍朝鮮半島出身者名簿」によると、沖縄への連行者は約二八〇〇人となっています。その内訳は、生還者が六五〇人、死者二七三人に対して、生死不明者が一八七二人もいて、全体の七割近くにおよんでいます。不明者が多い最大の理由は、前に触れたとおり、一つには創氏改名によって日本名を名乗らされていたため容易に本名をたどることができないことにあります。

ところで、韓国、朝鮮民主主義人民共和国からの徴用・連行者は、実際には一万ないし二万人とも言われています。彼らの多くが戦死、病死したとのことですが、厚生省（当時）

から沖縄県に渡された「韓国人朝鮮人死亡者名簿」には、わずか四五四人しか記録されていません。（清川紘二《きよかわこうじ》「声なき民の声を届ける」『沖縄タイムス』二〇〇六年六月二一日付参照）

したがって今後、空白のままになっている部分をいかにして埋めてゆけるかが、「平和の礎」建立作業に残された非常に重い課題の一つとなっています。

ちなみに一九九五年六月二三日に「平和の礎」の除幕式が行われ、そこには、韓国と朝鮮民主主義人民共和国の代表者にも参列していただきました。日本の三権の長も臨席する中で、両国の代表にも挨拶していただきました。ちなみに両代表は挨拶の中で「朝鮮人強制連行」問題について日本政府に対する鋭い責任追及と、「平和の礎」の刻銘の問題についても手厳しいことばで批評しました。

韓国代表のチョン・テ・ギョン団長は、こう述べました。

「本日『平和の礎』除幕式典にあたり、去る第二次世界大戦のさなか、ここ沖縄の地で犠牲になられた韓国人犠牲者のみ霊に深甚なる哀悼の誠をささげます。

かえりみれば、我が祖国が国権を簒奪《さんだつ》された悲痛の時代に、国家と民族そして個々人の意思とは関係なしに、この南冥《なんめい》の地に強制的に連れてこられ、あらゆる差別、虐待、苦難を強いられたあげく、祖国の光復（解放独立）も見ずに無念にも命をなくした無数のみ霊よ！　さぞかし残念無念だったでしょう。

三十余万人に上る我が同胞が帝国主義日本によって強制連行され、戦後五十年が経過した今日に至るまで十余万人がどこで、どのように犠牲になったかについて連行して行った日本当局から何ら説明がありません。当地沖縄で、不義の戦争の犠牲になった同胞の本名を探し出せた方々は、数十人（当初、引用者注）に過ぎませんでした。その方々の名前がここに刻銘されています。ここで忘れてならないことは犠牲者の遺家族の中で子々孫々永代の恥辱であるとの理由で刻銘を拒んだ方々がおられたということです。

第二次世界大戦中、沖縄で犠牲になった韓国人の正確な数が戦後五十年が経過した今日に至るまで明らかになっていないということは強制連行を実施した日本政府当局の無誠意、責任感の欠如を全世界にさらけ出したものです。本日の平和の礎の除幕によって、そのような責任がはたされたと思っては決してなりません。今日この瞬間からその解明作業が促進されなければなりません。

平和理念の発信地になるべく、戦後五十年の節目の事業の一つとして平和の礎が今日除幕され平和のともしびが点灯されますが、われわれ韓国人は二十年前に隣接した土地に韓国の官民と少数の誠意ある日本人が協力して韓国人慰霊塔を建立し、韓国人慰霊塔公園として整備し同公園を参拝される方々に平和の尊さを訴えてまいりました。

姓名も犠牲になられた場所も判明しないみ霊たちよ！　どうか不義の侵略と戦争をたくらむ者たちを目ざめさせ、世界平和と和睦の道へとお導きください。犠牲者の皆さまとわれわれ生き残った同胞たちが歌うことすら禁じられたティンサグの花—鳳仙花の調べをみ霊にささげます。どうか長年の恨み、つらみを忘却のかなたに押しやり、とこしえにみ霊の安からんことを祈念します。」（在日本大韓民国民団沖縄県地方本部）

一方、朝鮮民主主義人民共和国の金洙変代表は、つぎのように述べています。

「朝鮮の解放五十周年に当たる意義ある年に、ここ沖縄にて『平和の礎』除幕式が厳かにとり行われることに際し、わたしは朝鮮人民の名において全犠牲者のごめい福を祈り平和への誓いを新たにするものであります。

日本の朝鮮に対する植民地支配と無謀な戦争により沖縄に強制連行された朝鮮人同

胞は『従軍慰安婦』を含め数千人がその尊い生命を失いました。しかし犠牲者のうち氏名が刻まれたのは、わずか百三十三人（当初、引用者注）にすぎず、ほとんどの人々が半世紀を経た今日もなお、人知れず遠く異郷の土として埋もれているのです。

わたしはこれらの惨劇に思いをはせる時、数多くの無辜《むこ》の民に犠牲を強いた蛮行への憤りを新たにし、民族の念願である南北朝鮮の統一、日本との国交正常化、アジアと世界の平和実現への決意をさらに固くするものです。

わたしたちは、ここ沖縄での『平和の礎』が日本の過去の真の清算に結びつき、朝鮮と日本の善隣関係を築き、世界の恒久平和の道へと強く、太くつながっていくものと確信してやみません。」（在日本朝鮮人総連合沖縄県本部常任委員会）

V 「慰霊」の意味を問う

1 沖縄にとって「慰霊の日」とは

「慰霊」に関連して、忘れがたい事件があります。それは沖縄戦の「慰霊の日」に関することで、一九八九(平成元)年のことでした。

沖縄では、毎年六月二三日は「慰霊の日」です。一九六一(昭和三六)年に、琉球政府立法院によって「戦没者の霊を慰め、平和を祈念する日」として決定されました。そして当日は、県庁や県下のすべての市町村が個々の条例で休日に指定していたほか、小・中・高校も休校日となり、県主催の沖縄戦戦没者の合同慰霊祭をはじめ、遺族連合会メンバーによる戦跡地までの平和行進など、さまざまな慰霊行事が行われてきました。

ちなみにこの日は、民間でも官公庁と歩調を合わせ休日にしている企業が少なくありませんでした。県経営者協会加盟の団体のうち二〇社が休日に指定していたほか、県商工団体連合会の五団体も同じく休日にしていました。また県経済連と農協中央会などもその日は、特別休暇扱いにしていました。

特筆に値することは、日本復帰時に、それまで休日となっていた四月一日の「琉球政府創立記念日」、また旧暦七月一五日の「お盆の日」は、いずれも取り消されたことです。しかし、この「慰霊の日」だけは、「沖縄戦を風化させてはならない」と考える多くの県民の支持で存続しました。そしていつしか県民の間にすっかり定着するにいたったのでした。

ところが、政府が一九八九年一月一日から施行した「地方自治法」改正を受けて、沖縄県当局が同年六月の定例県議会に提出した「休日条例案」が大きな波紋を巻き起こす羽目となりました。「地方自治法」の一部改正の趣旨は、土曜閉庁方式導入とともに、地方公共団体の休日に関する制度の整備、つまり休日を全国画一化しようとするものだったため、県当局が議会に提案しようと図っている条例案が通ると、沖縄戦の「慰霊の日」も休日とはならなくなるはずでした。自治省（当時）は、「法案準備の段階で、沖縄県や広島市には

かつて戦場だった摩文仁を行く平和祈願慰霊行進（一九七〇年六月二三日）。

独自の休日条例があることは知っていたのですが、例外規定なしの方がベターとの結論になった」と割り切ったとのことでした。(『沖縄タイムス』一九八九年四月一三日付)

こうした政府の発想は、いかにも画一化好みの日本政府の施策態度を反映したものですが、沖縄の県民感情とは大きな落差があることは言うまでもありません。

しかし、政府追従の県当局は、条例によって休日が削除されても、休日がなくなるだけで「慰霊の日」そのものが消えるわけではない、と公言するしまつでした。その反面、さすがに「慰霊の日」にまつわる県民感情を丸ごと無視するわけにもいかず、「県職員への職務専念義務の免除や、それぞれの学校長の裁量で小・中・高校を従来どおり休校とすることは可能」と言い、条例の運用面で配慮するとの含みをもたせていました。

しかし、事大《じだい》主義的風潮が強い沖縄では、いったん法律ができてしまえば、運用面での実際的効果はほとんど期待できないのが実情でした。したがって政府の指示どおりに、他府県といっせいに横並びに法律に従うことは目に見えていました。そのため自治労県本部や県職労の組織労働者のほか、沖教組などの教職員団体は、「慰霊の日」の休日取り消しは地域事情を無視したものだとして、撤回を要求したのでした。

また、これに呼応して民間の各種団体も、「慰霊の日」の存続にこれらの団体と同調する動きを見せました。

こうして同八九年の三月一五日には、わたしがじかに創設にかかわった「子どもたちにフィルムを通して沖縄戦を伝える会」（通称「沖縄戦記録フィルム一フィート運動の会」）も、「慰霊の日」は、「平和を希求する沖縄県民の心を全国にアピールする日としてもっとも大事に発展させなければならない」と、その存続を強く要請しました。と同時に弱腰の県当局に対し「沖縄の独自性や県民の心の問題を、国の法律改正があったからといって直ちに条例を改正しようとする県の行政姿勢は、自治の視点を失ったもの」と批判し、「戦後処理も十分に解決されない沖縄で、全国の軍事基地が極端な形で集中し、さまざまな悪影響をもたらしているときだけに、（慰霊の日をなくすことによって）地域の利益を損なうような姿勢は改めるべき」だ、と主張したのでした。

一方、基地の町として知られる沖縄本島中部の北谷町《ちゃたんちょう》の島袋雅夫《しまぶくろまさお》町長（当時）も、この問題についての町議会における質疑で、「沖縄は先の大戦で唯一、地上戦が戦われ、戦場となっただけに六月二三日は歴史的な日として永久に残すべきだ。大勢の（国民の）犠牲の上につくられた平和憲法を守り、犠牲者の冥福を祈り、平和な地域社会づくりを進めるためにも休日として存続させるべきだ」と答弁したのでした。

たしかに沖縄では、まだ戦争の処理さえ終わっていませんでした。折しもこの年の二月二八日から厚生省（当時）による戦没者の遺骨収集が沖縄各地に散在する戦時中の避難壕跡で始まっていました。ちなみに一九七二（昭和四七）年に始まった遺骨収集で、同八七年までに合計一八万余柱の遺骨が収集されました。それでもなお七〇〇〇余柱が未収骨のままであり、収骨を終わるにはあと数十年を要するとも言われていたほどでした。それだけに「慰霊の日」をなくしてしまうと、こうした残された課題がうやむやにされかねないと危惧する人が多くいたのです。

この問題をめぐる政府の配慮のない施策は、沖縄側から言わせれば、「沖縄の本土化」を強制するものにほかなりませんでした。それより以前にも教育委員の公選問題をめぐって、同じような間違いを犯したことがありました。中央集権の画一的な行政を好む日本政府が、米軍政下で沖縄に定着していた教育委員の公選制を、沖縄だけに適用される例外規定は認められないとして、日本復帰を契機に、教職員の強い反対を押し切っていとも無造作に公選制を廃止に追い込んだのでした。

つまり、公選制を日本本土なみの任命制に切り替えたのです。そのことが教育界にいかに悪しき結果をもたらしたかは改めて言うまでもないことです。

こうして同八九年四月に入って、「日本キリスト教団沖縄教育社会委員会」や「琉球弧の住民運動を拡げる会」、「糸満市民の平和と暮しを守る会」、「那覇市から基地をなくす住民の会」などが呼びかけて、「六・二三『慰霊の日』の休日廃止に反対し、その存続を訴える実行委員会」が結成されました。その趣意書は、つぎのように述べていました。

「沖縄が十五年戦争の末期の沖縄戦で十五万余の住民が殺されたことを、また、その結果、戦後も塗炭《とたん》の苦しみを味わわされたことを決して忘れてはならないし、その教訓を子々孫々まで語り伝えたいとのすべての沖縄の人々の思いがその存続につながったといえます。しかし、今回、沖縄県は週休二日制の導入による地方自治法の『改正』にともなって地方自治体の休日が限定され、独自の休日が制定できなくなったとして、『慰霊の日』の休日を存続していくという立場を放棄しようとしています。

私たちはこの間、第三十二軍司令官牛島中将の死をもって沖縄戦終了の日とし、休日とすることに疑問を表明してきました。それは司令官牛島《うしじま》中将の死は決して沖縄戦の終了ではなく、彼の自害後も戦争は続き、多くの人々が殺されたという事実があるからです。彼が『最後まで敢闘し、悠久の大義に生くべし』と命令し、自らの責任で戦争を終結させなかったために、彼の死後も多くの尊い命が失われたからです。にもかかわらず、今回の六・二三『慰霊の日』の休日を廃止しようとする措置に（対しては）反対し、その存続を訴えるものです。

その第一の理由は、沖縄において六月が『反戦・平和』月間として定着し、学校における反戦・平和の特設授業や地域における反戦・平和の催しが行われ、全沖縄をあげて『戦世《いくさゆ》のあわり』（戦争時の苦しみや心労、引用者注）を思い起こし、不戦の誓いを新たにしていく月間となっており、『慰霊の日』の休日の廃止は、こうしたことに水をさすことが明らかだからです。

第二に、今回の休日廃止が、歴史的な事実を踏みにじり、これを清算していこうという意図が見受けられるからです。このことは現在、沖縄戦や十五年戦争の歴史的真実を隠ぺいしようとしている日本政府の意図にそうものであり、私たちはこのような方向、特に今回リクルートの汚辱にまみれて制定された学習指導要領に象徴されるような日本の政治・社会状況に大きな危惧の念を抱くからです。

第三に、沖縄には、沖縄の人々が歩んで来た独自な歴史があり、中央の画一的行政によりそのことが決して抹殺されてはならないと考えるからです。特に沖縄戦において住民の三分の一の尊い命を奪われた沖縄の人々にとって『慰霊の日』の休日はどんなに国が統一的に制限しても絶対に譲ることのできないぎりぎりのものです。」

一方、地元の新聞は、「この問題については、平和の追求という共通の課題をかかえている広島市も長崎市も同じ悩みを持つことになる。広島市は、八月六日を平和祈念の日として独自に『事務休停日条例（閉庁）』を定めているが、一方、長崎市の場合は、八月九日の『原爆の日』をとくに休日には指定していないけれども、血族二親等または一親等以内の肉親が原爆で死亡した職員で平和祈念式典に参列する場合は特別休暇扱いにされるほか、その他の職員でも式典参列の場合は職務専念義務免除などで対応している。また小・中学校では、夏休み期間に入っているが、逆に児童、生徒を登校させて平和学習などを実施しているという」と論じました。（『沖縄タイムス』一九八九年四月一五日付）

このように「慰霊の日」廃止問題は、沖縄県民にとっては、たんなる休日廃止の問題というより、政府の平和保持についての基本的姿勢とかかわる重大な問題であるだけでなく、地方自治、ひいては「民主憲法」下における日本の民主政治そのものが問われる重要な意味をもつ問題だというわけでした。

沖縄でも、他府県同様、いわゆる「戦無派」世代が人口の六割以上も占めたこともあって戦争体験の風化現象が著しくなりつつあります。復帰一〇年目（一九八二年）に琉球大学広報学研究室が約一〇〇〇人の有権者を対象に実施した意識調査の結果によると、平和教育については、「社会でも学校でもぜひ必要である」が八七・二パーセント、「社会では必要だが、学校では必要ない」が四・七パーセント、「社会でも学校でも全くその必要はない」が〇・五パーセント、「わからない」「回答なし」が七・六パーセントとなっています。ところが、「慰霊の日」に県当局が主催する合同慰霊祭などの行事に参加したか否かについて聞いてみると、参加したことが「ある」は二七パーセント、「ない」は、七二・四パーセントにもおよんでいました。とはいえ、自主的に沖縄戦に関する映画や写真展などを「見たことがある」者は七六・二パーセントもいて、「見たことはない」二三・七パーセントをはるかに上まわっています。

これは県当局が、日ごろ、安保体制を容認したり、基地の存在を公然と肯定する立場をとりながら、たんに形式的に慰霊祭を行うことへの不信感にもとづくいわば〝しらけムード〟から、県主催の行事への不参加ととれなくもありません。

ともあれ、戦争体験の継承問題との関連で「慰霊の日」の存続を可能ならしめうるか否かが、一つの試金石となりました。わたしなども各地で講演をしたり、シンポジウムを開くなどして、強くその存続を求めました。こうしてふだんには見られないほどの多くの県民の主体的な運動の結果、「慰霊の日」は存続が認められ、今日にいたっているのです。

2 許されない沖縄の靖国化

「慰霊」と言えば、「靖国」問題を抜きにして語ることはできません。現在、大きな政治、外交問題になっているとおり、中国や韓国の政府首脳が、日本の靖国神社が敗戦後の東京裁判で連合国から「A級戦犯」の判決を受けた人びとを祭神として合祀していることを注視し、そこへ日本を代表する総理大臣が参拝したことに抗議して、首脳会談さえ拒否していて、それが外交問題を惹起しているからです。

これに対し日本政府は、靖国神社に祀る祭神の決定権は、一宗教法人たる靖国神社にある、として無視する態度に出ています。一方、就任以来、公約の靖国神社への参拝を繰り返している小泉純一郎首相は、同神社への参拝は「二度と悲惨な戦争を起こしてはならないという不戦の誓いのため」と説明するとともに、それは個人の「心の問題」、「思想・信条の問題」だと言い、他国から干渉される筋合いはない、という言動に終始しています。

たしかに祭神の決定は、もともと靖国神社が独自の祭神基準にもとづいて決めていたようです。しかし、肝心のその祭神基準が神社創設以来、時代の流れとともに明らかに変化してきているのです。

靖国神社は、一八六九(明治二)年に、天皇の忠臣を祀る旧別格官幣社《べっかくかんぺいしゃ》の一つとして、戊辰《ぼしん》戦争における官軍戦没者の鎮魂の目的で東京招魂《しょうこん》社という名称で創設されました。そして七九(明治一二)年六月に靖国神社と改称されたのです。

ちなみに同神社の当初の祭神基準は、つぎのように定められていました。

「戦時または事変において戦死・戦傷死・戦病死もしくは公務殉職した軍人・軍属およびこれに準ずる者」

ところが、明治維新以来、日本政府がかかわった戦争の形態が国内戦から対外戦(国外戦)に変わったうえ、第二次世界大戦のように質量共に従来とは比較にならぬほどの国家総力戦となるにつれて、それまでの祭神基準では対応できなくなりました。そのため基準を現行憲法と同様に拡大解釈して適用するようになりました。

その結果、現在では本来の勤皇の志士や明治以後の戦争や事変での戦没者に加え、日本統治下時代の台湾や朝鮮出身者約五万人なども祭神として祀られています。さらにまた沖縄戦で本土への疎開の途中、敵に船が撃沈されて犠牲となった「対馬丸事件」の学童たちまでも祀られているのです。（これは、遺族会の強い要請を受けての処置でした。）

こうして靖国神社は、戦争のたびにその戦没者を「英霊」として合祀し続けてきました。二〇〇四年一〇月現在で見ますと、合祀者総数は、二四六万六五三人。そのうち二一三万三九一五人が太平洋戦争での戦没者で、一九万一二五〇人は日中戦争、八万八四二九人が日露戦争、一万三六一九人が日清戦争における戦死者となっています。（文藝春秋編『日本の論点２００６』文藝春秋社、二〇〇五年）

ともあれ、戦前、靖国神社が陸海軍の管掌下にあって、日清戦争以後は、対外戦争の戦死者を合祀するようになり、あげくは日本軍国主義の精神的基礎を形づくる施設の一つとなったことは争えない事実です。

そのような背景から第二次世界大戦における日本の敗戦後、一九四五（昭和二〇）年一二月二五日に発せられた連合国最高司令官の「神道《しんとう》指令《しれい》」によって国家神道が廃止されました。これによって神道に対する国家の保護・支援を断ち切るため、神社に対する公的な財政援助が禁止されるとともに、神道を通して軍国主義や過激な国家主義思想を宣伝することなども禁止されました。

その結果、靖国神社は、他の宗教と同様に一つの宗教法人として存続を認められたわけですが、日本遺族会や一部の政府・与党は、再びその国家護持を目指して一九六九（昭和四四）年以来、「靖国神社国営化法案」を国会に提出、連続五回も法案が審議された末、一九七四（昭和四九）年に廃案となりました。（永原慶二他編『岩波日本史辞典』岩波書店、一九九九年）

ところで、靖国神社に〝A級戦犯〟が合祀されたことについて、こう弁明する人たちもいます。すなわち毎年八月一五日に日本武道館で実施されている「全国戦没者追悼式」では、B級C級戦犯はむろんのこと、A級戦犯も慰霊の対象としてその遺族が招待されている。また一九五二（昭和二七）年四月二八日に発効となった平和条約の後に、東京裁判で判決の下った戦犯に対して国民の同情が集まり、四〇〇〇万人もの署名が集まる一大国民運動が起こった結果、戦犯の遺族にも「戦傷病者戦没者遺族等援護法」と「恩給法」が適用され、遺族年金や弔慰金、扶助料《ふじょりょう》などが支給されるようになった。さらに戦犯の受刑者本人にも恩給が支給されている、と。

つまり、あらゆる戦犯と呼ばれる人たちは、日本の国内法では犯罪者と裁かれてもいなければ、犯罪者扱いも受けておらず、処刑された者たちも刑死ではなくて公務死として扱われている、と言うわけです。さらに敷衍《ふえん》しますと、処刑を免れたA級戦犯の中には、後に外務大臣や法務大臣、あるいは大蔵大臣になった者もいれば、A級戦犯に指定されながら不起訴となり後に総理大臣になった者さえいる、と言うわけであります。しかも祭神基準も、第二次世界大戦では従来の選考基準では当てはまらなくなり、法的な根拠と公平性を図る観点から、現在の厚生労働省と靖国神社が共同で祭神を選定したと言うのです。

（宮本辰彦『靖国――この国を愛するために』国書刊行会、二〇〇五年）

これが、賛否両論が渦巻く政府首脳の靖国参拝問題をめぐる事実の一断面です。ではこのような背景について近隣諸国は、どのように見ているのでしょうか。ここでは、一朝鮮人の考えを聞いてみたいと思います。

朝鮮文学研究者の安宇植《アンウーシク》氏は、「朝鮮人の眼から見た靖国法案」という論考の中で、朝鮮人や中国人を靖国神社に英霊として祀るべき、と言っているのではないと断りながら、こう述べています。

「朝鮮の諺《ことわざ》に死んだ者には罪がないというのがあります。日本にも、死んでしまえば敵味方もないという言い方があります。実際に民衆の素朴な心情として、死者をとむらう気持というのはそのような所から出発しているのだろうと思います。

ところが、政治はそのようなことを許しません。日本軍国主義のために命を捨てねばならなかった中国人、朝鮮人はどのように扱われたのでしょうか。むろん靖国神社に祀られているわけではありません。にもかかわらず政治的にはこれを大いに利用したわけです。朝鮮では昭和一八年頃から徴兵制度が実施されましたが、それ以後は日本人になされたことが、ちょっとテンポをずらして朝鮮人にも、天皇陛下が兵隊や徴用工になる栄誉を与えたということでなされました。けれども実質的には昭和一五、六年ごろから朝鮮人に志願兵をつのるという形で徴兵がおこなわれております。それもひどいものになると、血書、血判による志願をつのらせるわけです。そうした朝鮮人の日本兵化と踵《きびす》を接して急激にふえていったのが何かといえば、朝鮮に神社、神宮が作られたことでした。……また台湾にはいち早く一八九五年に台湾神宮（後に台湾神社）がつくられています。これは、日本的表現でいえば台湾征伐で死んだ王族の北白川と開拓の神様を祀る、ということで作られたわけです。」

安宇植氏によると、被植民地化の朝鮮では、警察権力、軍隊権力が総がかりで各地に神社・神宮を作るいろいろの政治的枠づけを行ったとのことであります。

彼は、このような動きを見ていると、近代日本の国家概念というものが外に反映された場合、たんに軍国主義国家とだけは言い切れない、一種の日本的宗教国家と言うことができる。実際に靖国神社や靖国思想を天皇制にもとづく日本の近代国家の一つのバックボーンにしていく過程で、従来あった宗教等を疎外、抑圧していった、と言うのです。

こうして近代日本に独特の国家神道が作り上げられていったわけで、そのプロセスが靖国神社の成立史と要約することができる。これをそのまま朝鮮、台湾さらには東南アジアにまで持ち込んだ。つまりそこで祀られた英霊と称される慰霊は、朝鮮人・中国人にとっては(慰霊となった人びとは被害者であったわけであるが)同時に加害者でもあった。この加害者である責任をになわされた朝鮮人や中国人がその痛みを清算しきれないまま放置されてきた、と言うのです。

そこから再び国家神道に返り咲こうとする靖国神社法案は、「靖国」という衣にくるまれているだけで、朝鮮人の眼には天皇制復活として映るので反対する、つまり、「死者をとむらうことに反対するのではなく、近代天皇制国家（これは天皇の役割が再び復活するとかしないとかの問題ではなく）理念としてその支配原理の復活をきわめて象徴的に表わしているように思われるから反対するのです」と言うわけです。（反靖国・反天皇制連続講座実行委員会編『天皇制と靖国を問う』勁草書房、一九七八年）

この日本政府首脳の靖国神社への参拝問題は、国外ばかりでなく国内でも反対が非常に強いことは、よく知られているとおりです。

現在（二〇〇六年七月）、小泉純一郎首相の靖国神社参拝を問う「靖国訴訟」は全国の六地裁に八件提起されています。そのうち、高裁を含む一二件で判決が出ています。その判断は、①損害賠償請求のみを判断して棄却②参拝の公務性を認定して違憲と判示③参拝の公務性を否定して憲法判断におよばない、などといった具合にさまざまです。

沖縄でも決して例外ではありません。沖縄戦の遺族や宗教者ら八〇人が、戦没者を「英霊」として靖国神社に合祀していることに反対、小泉首相の靖国参拝は憲法が定める「政教分離」に違反しているとして、他と同じく訴訟を起こしています。

沖縄の場合、とりわけ戦場跡に林立する慰霊の塔が多いこともあって、真の慰霊の意味を考える立場から「沖縄の靖国化」を拒否する、といったスローガンで反対運動が展開されているのです。（沖縄の靖国訴訟・控訴審は、去る六月二〇日、福岡高裁那覇支部で第四回口頭弁論が行われました。原告側は、沖縄戦の実相に基づく検討と憲法判断を回避しないよう求め、弁論は終結し、判決は一〇月一二日に言い渡されることになりました。『沖縄タイムス』二〇〇六年六月二〇日付夕刊）

ちなみに、一九八〇年代に政府権力による教科書の検定問題が表面化した際、学校の教科書から沖縄戦で味方の友軍将兵によって地元住民が殺害された記述が、検定で削除されました。「殺された住民の数が確かでない」とか「記述の根拠である沖縄県史は、第一級の資料ではない」というのが削除を指示した理由でした。

そのとき、沖縄県立沖縄資料編集所の大城将保《おおしろまさやす》主任専門官は、朝日新聞記者のインタビューに答えて、つぎのように述べています。（『朝日新聞』一九八二年八月三〇日付）

「住民殺害がなぜ教科書から削除されなければならなかったか、よくわかる気がします。日本への復帰後、本島南部の戦跡に旧軍戦友会などの手でたくさんの慰霊塔が建てられました。それらの碑文の多くは部隊の勇戦をたたえるもので、住民の惨害にはほとんど触れていません。

軍に協力し、戦闘に散ったひめゆり隊や陸海軍司令官の自決ぶりは、観光バスの案内や本などでよく語られても、目前で赤ん坊を締め殺された母のことは、本土でどれだけ知られているのでしょうか。

真の悲惨さが伝えられず、沖縄戦が日本軍の敢闘ぶり、悲壮さだけで語り継がれる。これは沖縄の靖国神社化です。日本軍の住民殺害の記述が文部省に許されなかったのは、その靖国化の重要な一環だと考えられます。」（土方美雄『靖国神社――国家神道は甦るか』社会評論社、一九八五年）

このように沖縄にある無数の慰霊碑が「靖国化」されることを憂える人たちは県内外を問わず少なくありません。しかしその反面、積極的に「沖縄の靖国化」を図ろうと機会あるごとに努めている心ない人びとが多いのも事実です。

二〇〇〇（平成一二）年八月、石川県では、県が管理する都市公園（本多の森公園）の一角に「大東亜聖戦大碑」なるものが建立され、それには「大東亜おほみいくさは萬世の歴史を照らすかがみなりけり」とか、一部「讃《たた》へんかなとはに燦《さん》たり大東亜戦争」といった大仰な碑銘さえあります。

ちなみに建立委員会委員長らは、同大碑建立の趣旨について、こう述べています。

「私共は大東亜戦争の正義を信じ散華した幾多英霊の勲《いさお》を永久に讃えるためには、戦後戦勝国によって強いられた歴史の歪曲改竄《かいざん》による祖国へのゆえなき誹謗中傷を断固抹消せざる限り、真の慰霊・鎮魂と祖国の興隆はないと信じ、又これを世界に宣言するための大碑建立を以て真正歴史と正気の高揚をはからねばならぬと決意致しました。

（後略）」

このような考え方は、まさしくわたしなどが志向する「慰霊」とは、対極にある考え方というよりほかありません。

折しも「新しい教科書をつくる会」の歴史認識についての騒ぎが起こっていたときだけに、石川県内には「『大東亜聖戦大碑』の撤去を求め、戦争の美化を許さない石川県民の会」が結成され、熱心な反対運動が展開されました。

まことに遺憾なことにこの「大碑」には、おそらく本土在住の誰かが提言したのでしょうが、沖縄現地の当事者たちの許可も得ないまま、戦場に動員された鉄血勤皇隊やひめゆり学徒隊なども、いわゆる殉国美談の一環として合祀されていました。そのような行為は、沖縄戦の戦没者の死を冒瀆《ぼうとく》するのみか、生存者たちの死者に対する深い思いになんらの配慮もしない心ない仕打ちと言うよりありませんでした。鉄血勤皇隊やひめゆり学徒隊の生存者たちは、すぐに強く抗議するコメントを出しました。

わたしも翌二〇〇一年七月に、同県の社民党関係者のお招きで、石川県の現場まで足を運び、沖縄戦の実相についてお話しするとともに、「大碑」に刻名された鉄血勤皇隊やひめゆり学徒隊の名称を「大碑」から削除・抹消するよう強く求めました。しかし、その結果については、いまだ何の連絡もありません。

3　軍隊は国民の生命・財産を守り得るか

有名なプロイセンの軍事理論家で戦争論の大家、カール・フォン・クラウゼヴィッツ

（一七八〇―一八三一）が『戦争論』の中で述べているように、かつては「戦争とは、他の手段をもってする政策の継続である」と考えられていました。つまり、政府が戦争を始め、またそれが時の権力者の政策の一種の表現にほかならないのだから、あくまで政府が主宰者であり、戦争はその手段にすぎません。したがって軍事的視点は、常に政治的視点に従属すべきであってその逆ではない、と言うのです。

そこから「戦争において軍事作戦は、勝敗によってでなく、戦争の政治的目的の達成の程度によって評価されねばならない理由もここに由来する」と言うわけです。（郷田豊・他著『〈戦争論〉の読み方――クラウゼヴィッツの現代的意義』芙蓉書房、二〇〇一年）

ところが、現代の戦争においては、いざとなれば核兵器のような究極兵器や生物・化学兵器などが情容赦もなく用いられる恐れがあります。だとすれば、戦争の当事者である双方の側の国民の犠牲は、余りにも甚大で、戦争によって購《あがな》われ、達成される何ものもないのではないでしょうか。

それどころか、人類それ自体はむろん、自然をふくめすべてが無に帰してしまいます。こうして、もはや戦争を手段にすることによって望ましい目標が達成されたり、評価に値するなんらかの価値をもたらすことはあり得ません。だとすると、政治が、いかなる大義名分を掲げようとも、もはや戦争を有効な手段として活用することは、意味がなくなったと言っても過言ではありません。わたしには、沖縄戦は、そのことを疑問の余地なく実証して見せたと思われてなりません。

ちなみに、逃げ場のない狭小な島で戦われた沖縄戦では、二三万人余の尊い人命が喪われてしまいました。が、果たしてこの膨大な死は何を購い、評価し得る何ものをもたらしたというのでしょうか。

価値ある何ものをも購い得なかったのみか、戦後六〇年余もたった現在も、いまだ死者たちの遺骨の収集さえ終わらず、戦時中に生じた不発弾の処理さえも、年間何億円という単位の金を使いながらまだ完了していないどころか、処理し終えるまでにはあと半世紀以上もかかると言われている実情です。

沖縄戦の悲劇をもたらした太平洋戦争にしても、アジアの諸民族を欧米の支配から解放し、日本を盟主とする大東亜共栄圏を建設するといった壮大な大義名分を掲げて戦ったにもかかわらず、その結果、いったい何をもたらしたのでしょうか。

旧日本軍は、二〇〇〇万人とも言われるおびただしい数の近隣諸国民を殺害し、いたずらに日本に対する消えることのない不信感を買っただけです。国内においては、広島・長崎が原爆による攻撃を受け三〇万人余の尊い人命を犠牲にしたうえ、いまも人びとは心身に被ったその後遺症でとても苦しんでいるのではありませんか。

さらに戦争が終結すると、その後遺症が原因で心を病んでいる人たちが急激に増えているしまつです。ちなみに沖縄では、せっかく戦争から生き延びたものの、これらの心を病んでいる人たちは、家族や友人、知人とはなれて病院に隔離状態になったまま、いまにいたるも一歩も社会へ出てこられないでいるのです。こうした問題は、とても看過できないほど深刻なものがあります。

では、果たして太平洋戦争の戦勝者たる米軍は、勝利によって何を勝ち得たというのでしょうか。

さる第二次世界大戦で中国において米軍司令官を務めたアメリカのA・C・ウェデマイヤー大将は、自らの回顧録に『第二次大戦に勝者なし』というタイトルを付けているほどです。事実、米軍は沖縄を占領下に置き、自らの軍事基地化したものの、戦勝後もまるで泥沼に足を突っ込んだかのように、休む間もなく世界のどこかで戦い続けねばなりませんでした。朝鮮戦争、ベトナム戦争、湾岸戦争、アフガン戦争、イラク戦争と際限もない戦争に明け暮れ、あたら未来を担う若人たちを多数、犠牲にして顧みないしまつです。

白梅之塔（糸満市字真栄里、一九六三年六月二二日）

戦没した沖縄県立第二高等女学校の稲福全栄校長ほか、職員、生徒、同窓生一三二人を祀る。「白梅」は、同校の校章のデザインにちなんだ名称。塔は、一九四七年の建立当初は、自然石の小さな碑であったが、一九五一年に新たに建てられ、さらに一九九二年に改修された。沖縄戦時、第二高女生徒は四六人が軍命によって動員され、第二四師団第一野戦病院で看護教育を受けたあと、沖縄本島南部の八重瀬岳にある同病院で負傷兵の看護活動にあたった。六月四日の解散後、一部は国吉の壕で看護活動を続けたが、米軍の猛攻の中、生徒一七人が犠牲になった。

白梅之塔

ベトナム戦争を自ら指揮したロバート・S・マクナマラ米元国防長官は、一九九五年、戦後五〇周年の節目に自らの回顧録を刊行していますが、彼はその中で、あらましつぎのように語っています。

「自分は、ケネディ大統領とジョンソン大統領の下で、アメリカの伝統的価値観と国益に基づいて戦争を指揮して来たが、今から考えると、自分たちの判断は、ひどく間違っていた。」(ロバート・マクナマラ『マクナマラ回顧録――ベトナムの悲劇と教訓』共同通信社、一九九七年)

率直に自らの判断の過ちを省みて、後世の人びとに二度と同じ間違いを繰り返させてはならない、と説く彼の真摯な責任感と勇気は賞讃に価するかもしれません。だが、彼のこのような反省の弁も、自ら指導した戦争で三〇〇万人余におよぶベトナム人を犠牲に供したのに加えて、枯れ葉剤による五〇〇万人余の奇形児を生んだほか、米兵五万人余の死者と七五万人余にもおよぶ負傷者を出したあげくのことです。いまさらいかに誠実に弁明したところで、もはや死者たちは帰っては来ないのです。

いきおい戦争における膨大な人命や前代未聞の破壊による損失は、戦後のいかなる美辞麗句や善行によっても、到底埋め合わせがつくものではありません。わたしたちに残されたせめてもの償う道は、死者の霊を弔い同じ間違いを犯す愚を避けることだけです。

沖縄戦の渦中でわたしが一番疑問に思ったのは、果たして軍隊は非戦闘員の生命・財産を守る存在だろうか、それとも軍隊は、軍隊という組織を守る存在なのかという一事でした。そのことは、戦後ずっと疑問が解けぬまま残っていました。

そんなとき、防衛庁防衛研究所戦史部から刊行された『国土防衛における住民避難――太平洋戦争にみるその実態』という論考を読む機会がありました。その中に戦時中における軍部の地元住民への対応処置について、つぎのように述べられていることにショックを受けるとともに、沖縄戦における住民の悲劇の原因が理解できたように思いました。

「　居留民始末

現地指揮官から何とも言って来ぬ。心痛して居るとの電報で指示を仰ぐこともなく自ら処置の報告なし。

陸軍内部にも意見あり。特に参本（参謀本部）では、女小供《ママ》玉砕してもらい度しとの考えが良いとの意見があり。之を全部玉砕せしむる如く指導するについては、将来離島は勿論、戦禍が本土に及ぶ場合の前例となるので、大和民族の指導上重要で、事務的の処理でなく政府連絡会議のお決めを願度《ママ》して上奏し、大御心《おおみこころ》に如何にして副《そ》うかを考えたしと。連絡会議で意見も出すが、自分は今迄の研究の結果は、女小供《ママ》自発的意志において皇軍とともに戦い生死苦楽を共にするなれば、誠に大和民族の気魂は世界及び歴史に示されることが願わしいが、之を政府特に命令において死ねと言うのは如何なるものか。死ねと言っても心身疲労し、此大人数ができるか。皇軍の手にかけねばならぬ。」

この筆者によると、この記述は、陸軍省医事課長大塚大佐が陸軍省局長会議の様子を記録した『備忘録』から引用したもののようです。

ここで「居留民」というのは、サイパン島の居留民のことですが、サイパン島では、一九四四（昭和一九）年七月七日に、同島を守備していた日本軍と住民は「玉砕」しました。サイパン島の日系居留民の大半は、沖縄出身者が占めていました。この「居留民始末」に例示されているように、軍部の対住民対策は、沖縄戦の場合も、このサイパン島の事例とほとんど異なるものではなかったと言っても、けっして過言ではありません。

大塚大佐の『備忘録』は、さらにこうも記録しています。

「之は果して大義か、大御心に副い奉れるか。と言って敵軍に渡すか、之も不可。一兵の存する限り背後にある大和民族は最後まで守る。一兵まで尽きた、玉砕した、即戦闘力が零《ぜろ》になった。非戦闘員は自害してくれればよいが、已むを得ず敵手に落ちることあるも、已むを得ないではないかと、自分は幹事として考えり。（中略）この事に関しては、直接の課員までとす。政府と大本営との連絡会議で以上の如く、決定したるも、個人又は陸軍の意見の如く流布するは不可。即ち、陸軍省軍務局長佐藤賢了少将は、〝居留法人に自害を強要することなく軍とともに最後まで闘い、そして敵手に落ちる場合あっても已むを得ない〟との主旨で、大本営・政府連絡会議の幹事として、会議決定ののち大臣から上奏して貰い、天皇の認可を得て処置したのであった。

その根本は、将来予想される国土決戦における住民取扱いを念頭に、国民の士気を考えてのことであった。」（防衛庁防衛研修所戦史部『国土防衛における住民避難――太平洋戦

争にみるその実態』今市宗雄執筆、研究資料87RO–11H、一九七八年）

このように天皇の認可まで得て処置したと言うのであれば、これが軍部の住民に対する基本方針にほかならないと思われます。

しかし、ひとたび戦争ともなれば、仮に「敵手に落ちる場合あってもやむを得ない」といった決定がなされていたとしても、それを末端の一般将兵に周知徹底させることは、およそ不可能に近いにちがいありません。だとすると、敵手に投降する住民を友軍兵士が射殺する事態は不可避となりかねないのです。沖縄戦は、そのことを実証してみせたからです。

4　沖縄の平和思想を生かす

わたしは、軍事基地と同居を強いられている沖縄の日常生活の中で、いつも考え込まざるを得ないことがあります。それは、沖縄戦で非業の死を遂げた親兄弟、知人、友人たちを追悼するにはどうすればいいか、ということです。

わたしが死者たちの霊を悼み平和を問う意味は、たんにわたしたちがさる沖縄戦で表現を絶するほど悲惨な目に遭ったからだけではないのです。それもさることながら、何よりも戦争を否定する日本国憲法に則って、沖縄の伝統的な平和思想に再び活力を与えたいからであります。そうすることこそが、沖縄だけでなく、一島国日本の独立と安全を未来にわたって保障し、ひいては世界の平和維持に何ほどかの貢献をなし得る最善の道だと思うからです。

現在沖縄は、狭小な一島嶼にしかすぎませんが、そこに居住する人たちは、他の何ものにも増して個々人の命を大事にし、平和を希求して止まない伝統的な非暴力の「生き方」を愚直に追求し続けているのです。しかも沖縄の人びとが、ことのほか戦争を忌み嫌い、いかなる争いごとも暴力を用いずに話し合いで解決する手法や生き方は、ひろく世界的に普遍性をもち得ると考えるからにほかなりません。

沖縄の伝統的な平和思想は、一八七九（明治一二）年のいわゆる「琉球処分」の過程で、いかんなくその本領を発揮するかに思われました。だが、そのときは軍事力をバックにした日本政府に歯が立ちませんでした。

日本政府が廃藩置県に先立ち、熊本の第六師団の分遣隊を沖縄に常駐せしめようとしたとき、琉球王府は、言を左右にして頑《かたく》なにその受け入れを拒否しました。

その理由は、つぎのとおりでした。

第一に、南海の一孤島にすぎない琉球でいくら兵備を備えようが、それで以て敵国外患《がいかん》にあたることはできない。

第二に、琉球のような小さな島国に兵力を配備すれば、かえって敵国外患を招くもとになり、国を危くする。

第三に、むしろいかなる兵備もせずに、外来者に対してはただ礼儀正しく歓待すれば、「柔よく剛を制す」のたとえどおり、国を平和に保つことが可能だ。

琉球王府は、軍隊を常備するかわりに、何よりも平和を国是とし、近隣諸国と貿易をとおして友好関係を築くことこそが、国の安全を保つ唯一最善の道と考えていたのです。

これを往時の小王国の安易な現実逃避策、もしくは「敗北主義」として軽視したり、笑殺することはたやすいでしょう。だが、わたしには、このような思想・手法こそが、むしろ小国の安全を保障し得る最も賢明な方策に思われてなりません。事実、そのような琉球古来からの伝統的な平和思想によって琉球王国は、数百年の長きにわたって無事平穏に小国を維持することに成功したからです。もっとも慶長一四（一六〇九）年の薩摩の「琉球入り」の場合と明治期には、軍事力で脅され、主張を通すことは叶いませんでしたが……。

ところで、この沖縄の伝統的平和思想と関連してわたしは、明治の思想家で「東洋のルソー」と称された中江兆民《なかえちょうみん》の思想を改めて想起せざるを得ません。よく知られているとおり、中江兆民は、『三酔人経綸問答《さんすいじんけいりんもんどう》』という著作の中で、「豪傑君」と「南海先生」と「洋学紳士君」の三人を登場させ、それぞれの口を借りて「日本の望ましいあり方」について縦横無尽に議論を展開させています

わたしなりに半ば恣意的に要約してみますと、まず豪傑君は、いわゆる「大国主義」者です。彼は、他国を侵略してでも自国の領土を拡張することによって、莫大な利益をもたらすことに大乗り気です。一方、南海先生は比較的に温和な発想の持主です。そのため彼の考えでは、外交上の良策は、外国と平和友好関係を深めることが最も大切であり、万やむを得ない場合でも、他国を侵略したりするのでなく、あくまで専守防衛戦略をとることに尽きるというのです。つまり遠く異国の地に自国の軍隊を出征させ苦労をかけるのを避け、できるかぎり人民の負担を軽くするよう尽力すべきだ、といった考え方をとるわけで

す。

これら両者の主張に対し、洋学紳士君は、より徹底した「小国主義」の立場をとります。すなわち、洋学紳士君は、日本の望ましいあり方（生き方）とは、「小国主義」に徹して自由・平等・博愛の原理にもとづく民主国家をつくり上げることだ、と主張するのです。一言でいえば、敵の攻撃を防ぐためには、何よりも軍備を全廃するに限る、という考え方なのです。

つまり、もしも小国が陸海の軍備を拡充して、他の強国に劣らぬようにしようとはかるならば、その国の財政が不足し、人民の税金を重くして、きびしくとりたてねばならなくなる。その結果、人民の恨みを買うことは避け得ない。したがって小国においては、むしろ「道義によって自己を守るのでなければ、他に頼れるもののあろうはずがない」というわけなのです。（中江兆民、桑原武夫・島田虔次訳『三酔人経綸問答』岩波書店、一九六五年）

ちなみに洋学紳士君の「道義によって自己を守る」というのは、つぎのような意味のようです。

「民主、平等の制度を確立して、人々の身体を人々に返し、要塞をつぶし、軍備を撤廃して、他国にたいして殺人を犯す意志がないことを示し、また、他国もそのような意志を持つものでないと信じることを示し、国全体を道徳の花園とし、学問の畑とするのです。」

このような発想はまさに、現行の日本国憲法の理念に有無相通ずるものではないでしょうか。さらにまた、前に見た琉球王府の伝統的平和思想ともその底流においてほとんど共通のものと言えます。

ところで、このような考え方は、ともすれば、たんなる机上の空論で非現実的と非難されがちです。この点と関連して洋学紳士君は、「それなら、もしどこか狂暴な国が、われわれが軍備を撤廃したのにつけ込んで出兵し、襲撃してきたらどうします」と自問し、「もし万一、そんな狂暴な国があったばあいは、わたしたちはそれぞれ自分で対策を考える以外に方法はない」として、こう答えています。

「こちらが軍備を撤廃したのにつけ込んで、たけだけしくも侵略して来たとして、こちらが身に寸鉄を帯びず、一発の弾丸を持たずに、礼儀正しく迎えたならば、彼らはいったいどうするでしょうか。剣をふるって風を斬れば、剣がいかに鋭くても、ふうわりとした風はどうにもならない。わたしたちは風になろうではありませんか。」

要するに、洋学紳士君によると、弱小国が強大国と交わる際に、相手よりはるかに劣勢の腕力をふるうのは、まるで卵を岩にぶつけるようなものだから、小国のわれわれは、文明国でさえ実践できないでいる無形の道義を自らの軍備となし、むしろ自由を軍隊とし平和を要塞にし、博愛を剣にするなら「敵するもの天下になし」というわけです。（中江兆民、前掲書）

これこそ明治時代に琉球王府が主張した「柔よく剛を制す」とか「小国の大勢弱ければ、すなわち久しく存し」という考え方に通底するものと言って差し支えないのです。

ここでとくに強調しておきたいことがあります。

それは、洋学紳士君の考え方は、彼の独創的なものというより、西欧のすぐれた思想家たちに共有のものだったということです。

彼は、まず一八世紀のフランス人随筆家アベ・ド・サン＝ピエールが、「民主制は、戦争をやめ平和を盛んにして、地球上のすべての国を合わせて一つの家族とするための不可欠の条件」と述べたと紹介しています。そして当時は、この説に賛成するものはきわめて少なく、サン＝ピエールは空論家として嘲笑された旨、言及しています。

洋学紳士君は、またドイツの哲学者カントが、このサン＝ピエールの主張を受けついで、『永久平和論』を書き、戦争をやめて友好関係を盛んにすることの必要性を論じたことについても触れています。

すなわち、カントは、「かりに一歩をゆずって、功名を好み勝利を喜ぶという感情が人間から除き去ることができず、平和の実現ということが、現実世界ではけっきょくのところ、不可能であるとしても、いやしくも道義を尊ぶものであるかぎり、この境地をめざして前進すべく努力しなければならない。ほかでもない、これこそまさに人間たるものの責任なのだから……」と説いているというわけです。（中江兆民、前掲書）

さらに洋学紳士君は、フランスの哲学者エミール・アコラスが、およそ戦争の起こる原因は四つあるとして、王室の継承の争い、宗教の争い、人種の争い、通商の争いを挙げたことを指摘しています。アコラスによると、戦争の奥底にある原因をさぐれば、どの原因にあたる場合も、帝王や宰相が功名を立てるためにわずかなことを口実にして武器を振りまわし、戦争をはじめたのが多い。しかし、民主国になると、自由という理法、平等という道義、博愛という感情、この三つを社会の基礎としているので、「他国に勝とうと思うのは、ただ学問の精密さ、経済の豊かさ、この二点だけだ。要するに、君主国は有形の腕力によって隣国に勝とうとし、民主国は無形の思想によって隣国に勝とうとする」というわけです。

このような発言内容は、日本国憲法の基本原理にも見事に照応しており、大いに玩味《がんみ》すべきではないでしょうか。
洋学紳士君は、サン＝ピエールが世界平和を説いて以来、フランスの哲学者で思想家のジャン＝ジャック・ルソーがこれをたたえ、カントがこの説を展開して哲学にふさわしい純理的性格をもつことができたと、さらにつぎのようなカントの言葉を引用しています。

「すべての国が戦争をやめ、平和を盛んにするという好結果を得ようと思うなら、諸国がみな民主制をとるのでなければ不可能である。諸国が民主制になれば、人民の身体はもはや君主の所有ではなくて、自分の所有である。いやしくも人民が自分で自分を所有し、自分で自分の主人であるときは、すき好んで殺し合いをする道理がどこにあろうか。」

「二つの国がたがいに攻撃するとき、戦争から生じるすべての禍いは、いったいだれがうけるのか。武器をとって戦うもの、それは人民だ。軍事費のための金を出すもの、それは人民だ。家を焼かれ田畑をふみあらされて、その害をうけるもの、それは人民だ。ことが落着して国債をつのられ、善後策をおっかぶされるもの、それもやはり人民だ。しかもこの種の国債は、けっきょく、完全に償還することはできない。なぜなら一度戦いを交えると、禍いがひきつづき、怨みが深まって、いったんは講和となっても、すぐまた戦争になるのは避けられないことだからである。もしそうだとすると、人民というものが、自分からすすんで戦争をはじめる道理がどこにあろうか。」（中江兆民、前掲書）

長い引用になりましたが、洋学紳士君の言によれば、カントは、また民主制国家と対比してこうも語っているのです。

「君主国ではそうではない。帝王は国の所有者であって、国民の一員ではないから、人民の血を流し人民の財産を費やすことなどは、帝王はてんで気にもとめない。なぜかというと、両軍がいまや接触して、砲弾がたがいに死を発射し、銃弾がこもごも傷を射ちこみ、内臓は土にまみれ、血潮が野原に浸みわたるというときでも、帝王は平常どおり、ご猟場で狩りをしたり、あるいは宮中で宴会をしたりしている。そのうえ、はじめ出兵のときは堂々たる口実をかかげるが、その実、人民の生命と財産とを賭けものにして自分の功名を追求しただけのこと。戦争は帝王にとっては、けっきょく遊びにすぎない、といわれている通りである。」

このような発言をうけて洋学紳士君はこう言うのです。

「だから最近ヨーロッパ諸国の学者のうちで戦争をやめ平和を盛んにせよとの説をとなえるものは、みな民主制を主張し、そのうえで世界のすべての国を合わせて、一つの大きな連邦を結成しようと望んでいます。」

「その説は、大ぶろしきのようにみえるけれども政治的進化の理法から推論して考えると、必ずしもそうではない」。

ところで、国内の民主化を徹底し、軍備を廃絶することの重要性を説いたのは、前引の思想家たちだけにかぎりません。

『随想録《ずいそうろく》』の著者として有名なフランスの哲学者ミシェル・ド・モンテーニュも、「防備は攻撃への欲望と理由を与える。あらゆる防備は戦争の相貌《そうぼう》を帯びる」として、非武装こそが安全を保障する最良の方策だと説いています。

一方、イギリスの哲学者で数学者、論理学者でもあるバートランド・ラッセルは、非武装論をさらに徹底させ、無抵抗による防衛の可能性を説き、「無抵抗主義によって国は滅びるよりは、かえって守られる」と喝破しています。ラッセルによると、文明国民のあいだにあっては、無抵抗はたんに高遠な宗教的理想にとどまらず、むしろ実際的知恵のあらわれだと言うのです。

つまり、文化の発達した高度に組織化された文明国においては被治者《ひちしゃ》の同意なしでは統治は不可能なので、被占領国民は非暴力による国民的抵抗によって占領軍に抗することができる、という論理です。

しかもラッセルは、非暴力の抵抗によってかち得られるものは、銃剣によってかちとったものよりもはるかに重要であるとも述べています。彼は、たんに「国家防衛」の次元をこえて、人間としての道義を問題にしているのです。

こうした世界のすぐれた先達《せんだつ》の思想を思い出しながら、あらためて気付かされることがあります。それは、日本国憲法の平和主義の理念がこれら有数の思想家たちの思想をある意味で集約的に表明したものにほかならないということです。周知のとおり、日本国憲法の前文にはこう述べられています。

「日本国民は、恒久の平和を念願し、人間相互の関係を支配する崇高な理想を深く自覚するのであつて、平和を愛する諸国民の公正と信義に信頼して、われらの安全と生存を保持しようと決意した。われらは、平和を維持し、専制と隷従《れいじゅう》、圧迫と偏狭《へんきょう》を地上から永遠に除去しようと努めてゐる国際社会において、名誉ある地位を占めたいと思ふ。……日本国民は、国家の名誉にかけ、全力をあげてこの崇高な理想と目的を達成することを誓ふ」

この文意からも明らかなとおり、日本は、政府の行為によって再び戦争の惨禍が起ることのないよう、はっきりと決意したのです。

そのことは、憲法第九条第一項で「日本国民は、正義と秩序を基調とする国際平和を誠実に希求し、国権の発動たる戦争と、武力による威嚇《いかく》又は武力の行使は、国際紛争を解決する手段としては、永久にこれを放棄する」と言明しています。

さらに第二項ではこれを受けて「前項の目的を達するため、陸海空軍その他の戦力は、これを保持しない。国の交戦権は、これを認めない」と念を押しているのです。

このような憲法の規定を現実に生かすためには、「国のため」とか「国家のため」という戦前に流行した言葉にまどわされず、国民こそが主人公、つまり個々人あっての国だという考え方に固執《こしつ》することがこの上なく肝要ではないでしょうか。

ちなみに、いみじくも「日本には政府はあったが、国民はなかった」と述べたのは、かの福沢諭吉《ふくざわゆきち》です。むろん、彼の言う国民とは、国家の運命を担っている一般人民のことです。

福沢によれば、「国内にあって、政府にたいし独立自主の地位をもつことのできない国民は、外国人にたいしても独立自主の権利を主張することができない」し、「愛国とは、政府の振る旗に何でもかんでも文句を言わず、つきしたがってゆくことではない」ということになります。福沢のこの教えは、まさにわたしたち個々人の国との関係のありようを示すだけでなく人間としての「生き方」の問題とも深くかかわっています。

沖縄の人びとは、日常的によく「命《ぬち》どぅ宝」という言葉を重宝がって使います。琉球王国の宰相として一八世紀に活躍した蔡温《さいおん》という不世出の偉人と称された政治家は、彼の有名な『御教条《ごきょうじょう》』という一種の修身書の中で、「何物にもまさって命こそが大事だ。他のものは、失っても取り返すことができるけれども命だけは、取り返しがつかないから」と教示しています。

わたしたちは、まわりを幾重にも政治や行政、とりわけ軍事的厚い壁に取り囲まれている実情下にあって、ともすれば一種の無力感もしくは絶望感にとらわれてしまいがちです。しかし真に生きるに相応《ふさ》わしい人生を望むなら、あくまでも平和な世界の創出に向けて挫《くじ》けることなく希望を持ち続け、自己実現に努めたいものです。

そのことは、たんに個々人の人間的生き方の問題にとどまらず、何よりも戦争で「生かされた」者としてのいわば一種の責務であり、それがまたとりもなおさず、悲運な死をとげた無数の死者たちの霊に報いる道につながると思われるからです。

5　慰霊とわたしたちの責任

前章までで見てきたように、沖縄にある慰霊の塔の中には、とくに地元住民や朝鮮半島の人びとが建てたものには、過去のこととして祈るだけではすまされない問題をわたししたちに突きつけているものがあります。しかし、日本人の中には、そう考えない人もたくさんいます。

「少なくとも私自身は、当事者とは言えない世代ですから、反省なんかしておりませんし、反省を求められるいわれもないと思っております。」

これは、一九九五（平成七）年三月一六日の衆院外務委員会で、ある女性議員が、折から提起されていた「不戦決議」に反対する立場から、かつての戦争での加害について謝罪する問題に関連して発言したものです。たしかに戦後生まれの個人に直接の「責任」はないかもしれません。しかし、戦争のときは生まれてもいなかったといって、過去と無関係でいられるのでしょうか。

この点で思い出されるのは、ドイツのヴァイツゼッカー大統領（当時）の演説です。

一九八五（昭和六〇）年五月八日、ヨーロッパにおける第二次世界大戦終結四〇周年記念日に、西ドイツのリヒャルト・ヴァイツゼッカー大統領は、国会でこの日を「民族共通の運命として体験したものだ」と言い、「過去に対して真実の関係を獲得すること、今日の時代の有する危険を退け、今日の時代が提供するチャンスを生かす責任を自覚すること、そうした課題に取り組むため」として、世界的に影響を与えた有名な演説をしました。日本でも翻訳され、多くの人たちが読んだと思います。

彼は、「ドイツ軍が第二次大戦中に犯したユダヤ人絶滅のやり方と規模のひどさは、人間の想像力の及ばないほどであったかもしれない」と述べるとともに、「しかし、本当のところ、多くの人々が、そこで起こっていたことを知らないですまそうとしたこと自体が、この犯罪に荷担したことであった」と語ったのです。そのうえで、「それは、私の世代、まだ若くて、このような事件を企て実行するにあずかることがなかった世代においても同じことだ」とも述べています。

ヴァイツゼッカー大統領によれば、ユダヤ人殺戮についてのドイツ国民の対応は、さまざまな形をとったが、良心を麻痺《まひ》させ、責任を取らず、視線をそらせ、沈黙を守った、と言うのです。

そして戦争が終わって、まったく言語を絶するようなホロコースト（大量殺戮）の真実が明らかになったとき、ドイツ国民のうちのあまりにも多くの者が、自分は知らなかった、感じ取ることもなかった、と言い訳をしたと語ったのです。そして、彼は、こう説いたのでした。

「今日われわれの国に住む圧倒的に大多数の者は、あの当時まだ子供であったか、あるいはまだ生まれてもいなかったのであります。自分が犯してもいない犯罪についての自分の罪責を認めることはできません。こころある人々は、これらの人々に、ただドイツ人であるという理由で、悔い改めのしるしの粗衣《そい》を身に着けることを期待することはできません。しかし、父たちは、この人々にとっても困難な遺産を残してしまったのであります。」

「罪責があろうがなかろうが、年を取っていようが若かろうが、われわれはすべてこの過去を引き受けなければなりません。この過去のもたらした結末が、われわれすべての者を打ち、この過去にかかわらないわけにはいかなくなっているのであります。

老人も若者も互いに助け合って、この過去の記憶を生き生きと保つことが、自分たちの生命にかかわるほどの大切なのはなぜであるのか、よく理解しうるようにしなければならないし、それは可能なのであります。」

「この過去を清算することが大切なのではありません。それは、われわれには不可能であります。過去をあとから変更したり、なかったことにすることはできないのです。しかし過去に対して目を閉じる者は、現在に対しても目を閉じるのであります。かつての非人間的な事柄を思い起こしたくないとする者は、新しく起こる罪の伝染力に負けてしまうのであります。」

ちなみにヴァイツゼッカー大統領は、またこうも付言しています。

「多くの人々が言います。いつまでたっても、この永遠に未解決の過去の問題を論じるのか。われわれはそれに関係がない。もうそれでわずらわされたくはないのだ、と。私が思いますのに、真実はちょうどその逆だと思います。事柄をよく見極めないこと、それこそ、われわれの重荷を意味するのであります。しかし、過去とはっきり向かい合うこと、それが、われわれを自由にします。われわれが現在の問題を解くのを容易にするのであります。」（永井清彦編訳『ヴァイツゼッカー大統領演説集』岩波書店、一九九五年）

たしかに彼の言うとおりだと思います。過去とまともに向き合う手っ取り早い一つの手法が、わたしには「慰霊とは何か」を考えることだと思われるのです。ヴァイツゼッカー大統領の言葉を長々と引用したのも、その意味で、一語一句、改めて噛みしめたいからにほかなりません。

ここでわたしは、戦時中のわたしの実体験に照らして、とくに強調しておきたいことがあります。それは、これまでの戦争の歴史が教示することは、戦争を仕掛ける独裁者や日ごろ戦争の意義を説き愛国心を鼓舞しつつ大言壮語して国民大衆を戦闘に駆り立てる政府や軍部首脳および政財界の大物たちは、彼らの願いどおりにいざ戦争が勃発すると、自らはあらゆる手段を弄して危険な戦場には出ないということです。つまり、自らは安全な場所に身を置きながら「一億総特攻で最後まで戦え」などと、大口を叩く。そして危険な戦闘には、弱い立場の一般庶民を送り込むのが常道であるのです。

事実、沖縄戦では、米軍の上陸が必至となると、他府県出身の県知事をはじめ、県の首脳部局長から県内の主要な学校の学校長どころか、防衛責任者たる沖縄連隊区司令官までが政府との折衝を口実にして沖縄から本土へ逃げ帰りました。地元の新聞は、皮肉たっぷりに「本土へ名誉な戦列離脱者」として連日それらの実名を報じたほどでした。

これは過去のことだけではありません。小泉首相は、「二度と悲惨な戦争を起こしてはならないという不戦の誓いのため」靖国に参拝すると言いながら、周辺諸国との緊張関係を高め、有事立法を整備し、「戦争のできる国」を作るべく準備を進めているのです。

二〇〇四（平成一六）年六月一四日には、政府・与党のいわば宿願であった有事法制関連七法案および二条約・一協定の承認案が国会を通過しました。

政府の説明によると、これらの法律の趣旨は、つぎのとおりです。

（1）国民保護法（武力攻撃事態等における国民の保護のための措置に関する法律）

この法律は、他国の武力攻撃から国民の生命、身体および財産を守り、そのための措置を実施する際に国民生活への影響を少なくするため、自治体の責務や放送・新聞など行政が指定する公共機関とか国民の協力の仕方を定め、国民の避難をスムーズに進めようというもの。

（2）米軍行動措置関連法（武力攻撃事態等におけるアメリカ合衆国の軍隊の行動に伴いわが国が実施する措置に関する法律）

日米安全保障条約に基づき、日本への武力攻撃を排除するため、米軍が必要な行動をとるときに円滑かつ効果的にそれが実施できるようにするための措置で、具体的には自衛隊による米軍への物品・役務の提供をなすほか、土地などの使用についても定めています。

（3）外国軍用品海上輸送規制法（武力攻撃事態における外国軍用品等の海上輸送の規制に関する法律）

日本の領海や周辺の公海での外国の軍用品の海上輸送を規制しようというもので、停船させて検査したり、回航を求めたり、積み荷の取扱いに関する審判の手続きなどを定めているもの。

（4）自衛隊法の一部を改正する法律

米軍と自衛隊の相互間で後方支援をするために物品や役務（労役）を提供し合うことについては、「日米物品・役務相互提供協定」（ACSA）を締結しているが、そのACSAの改正に伴って、自衛隊法の一部が改正されるものです。

（5）特定公共施設利用法（武力攻撃事態等における特定公共施設等の利用に関する法律）

これは、米軍の行動を支援するため特定の公共施設、つまり港湾、飛行場、道路、海域、空域および電波の使用手続きなどについての指針を定めたもの。

（6）捕虜取扱い法（武力攻撃事態における捕虜等の取扱いに関する法律）

戦争で生じる捕虜に関して、ジュネーブ第三条約などで、捕虜の拘束、抑留などの人道的措置について定めているが、それに則して国内法の整備がなされなければならないとするもの。

（7）国際人道法違反処罰法案（国際人道法の重大な違反行為の処罰に関する法律）

これは、国際人道法に規定する重大な違反行為を処罰するものだが、重要な文化財を破壊したり、捕虜の送還を遅らせたり、文民の出国を妨害するなどの行為を処罰の対象とするもの。

（8）追加議定書（議定書Ⅰ／一九七七年に成立）の批准

一九四九（昭和二四）年八月一二日のジュネーブ諸条約の「国際的な」武力紛争の犠牲者の保護に関するもの。同議定書のⅠは、国際的な紛争の際の文民を保護し、戦闘方法を規制するもの。

（9）追加議定書（議定書Ⅱ／一九七七年に設立）の批准

同ジュネーブ諸条約の「非国際的な」武力紛争の犠牲者の保護に関するもの。

同議定書Ⅱは、内戦の際の傷病者や医療要員を保護し、住民への攻撃を禁止するもの。

（10）日米物品役務相互提供協定（「ACSA」）の改定

現行のACSAは、①日米共同、②国際平和維持活動などの国際人道支援、③周辺事態時―に日米相互に物品・役務を提供し合う、いわば「平時ACSA」と言われています。それを改定して、日本有事のほか、海外で活動している米軍に武器を含めて物資の提供を可能にする、「戦時ACSA」に改定するものです。

法律制定の趣旨を見ると、これらの法律は文字どおり米軍の軍事行動を支援するための法律であることは否定できません。

このような有事（戦時）関連法の相次ぐ成立、施行の実情からみても、日本は、まさに国の基本的方針が従来の「戦争のできない国、戦争をしない国」から「戦争のできる国、戦争をする国」に一八〇度転換する岐路に立たされていると言うよりないのです。

わたしは、日本国憲法のような、軍隊をもたず交戦権を明確に禁止している平和憲法をぜひとも世界中で立法化させるべきであると心底から念願せずにはおれません。さもなければ、「慰霊の塔」を建立した意味もなければ、無数の死者たちの霊も浮かばれようもないからです。

死者たちは、いまも眠れずにいるのです。わたしたちは戦争を禁止する法律を実らせることによって誠意を尽くして哀悼の誠を捧げ、死者たちを安眠させてあげたいものです。

ことばの真の意味での「慰霊」とは、世界的に有名なノルウェーの平和学者ヨハン・ガルトゥング教授が説くように、「直接的暴力」たる戦争をなくすだけの「消極的平和」にとどまらず、この世にはびこる差別や収奪、不公正、経済的格差といった「構造的暴力」をも一つひとつ着実に克服することによって、「積極的平和」をつくり出すことだと考えるのです。

ことばをかえて言えば、そうすることによって真に世界の人びとが戦争を放棄し、互いの文化を尊重し、助け合い補い合って生きる共生の社会、共生の世界をつくることも可能となるのです。わたしは、そのような慰霊の道を生涯にわたって歩んでいきたいと心から念じて止みません。

「ひめゆりの塔」の前で、娘や孫の冥福を祈る遺族（1960年ごろ）。

あとがき

わたしは、いまからおよそ二〇年ほど前、一九八五年に『沖縄戦　戦没者を祀る慰霊の塔』という本を那覇出版社から出しました。それは、摩文仁の戦場跡に林立する日本全国の都道府県の「慰霊の塔」が何を意味し、かつまたわたしたち生存者が「慰霊とは何か」について改めて問い直さねばならないと考えたからでした。その直接の動機は、日本国憲法の理念が年を経るごとにないがしろにされ、まるで戦前の軍国主義の再現を思わせるかのように急激に右傾化の潮流が目立つようになったからでした。つまり、そのような事態へのわたしなりの強い危機感があったからです。それでも当時は、さすがに憲法を変えるべきとする意見は、少数派にとどまっていました。

ところが、二〇年の時の流れは世論を大きく変え、いまでは憲法を改正〈改悪〉すべき、とする意見が有権者の約八割を占めるほか、政府・与党が教育基本法を改め、再び幼い児童たちに上から愛国心を注入しようと図るといった文字通り危機的状況下にあります。

しかもこうした世論の変化を盾にとり政府・与党は、すでに二〇〇五年の自民党結党五〇周年の節目を期して、いよいよ同党の宿願ともいうべき憲法と教育基本法の改悪を決行しようと具体策を練り上げました。その一環として国会では有事〈戦時〉関連法案をつぎからつぎへと可決させました。しかも戦後はじめて自衛隊を戦地のイラクへ派兵するまでにいたったのです。あまつさえ二〇〇六年現在、国会においては憲法と教育基本法の改悪が具体的に議論が始まり、多数を頼んで現実にその実現が強制的に計られようとしているしまつです。戦争を体験したわたしたちは、このような状況をきわめて危険だと半ば本能的に感じ取っています。

ちなみに世論が一大転換した理由の一つは、戦争を知らない世代が急増したこと。それにともない、戦争の実態を知らないこともあって、安易に軍事力による国家防衛といった発想にとりつかれているように思われます。しかし、いくら軍事力を強化したところで、自衛隊法を見るまでもなく軍隊は、国民の生命・財産を守る存在ではないことは、戦争の歴史が明証するところです。にもかかわらず彼ら勇ましい発言を弄する「戦無派」世代には、さる太平洋戦争で犠牲になった人たちの苦しみや怒り、悲しみが十分に理解できないのみか、戦争から生き残った人たちの死者に対する切ない思いや遺家族の生涯癒《いや》すことのできない深い心の傷についてさえ感得できないようです。

このままでは、将来にわたって沖縄をふくめ日本の平和で明るい未来を創り出すことも困難です。ましてや心ならずも非業の死をとげた無数の戦没者への慰霊の本来の意味を全うすることなど、とうていできそうにありません。

そのような思いからわたしは、いま一度、改めて慰霊の意味を問い直すことにしました。そのため本書では、前著を大幅に書き代え、削除、補筆したのであります。

近年、県外の都道府県の高校生たちが平和学習のため沖縄を訪れる機会が増えています。わたしは、彼ら次代を担う若い人たちが戦跡を訪れ、各種の慰霊の塔の前にぬかずく時には、ぜひともその背後にある意味について真摯《しんし》に考えてほしいと切に願ってやみません。

本書が出来上がるまでには、関連資料の収集、原稿の整理その他の面で、秘書の桑高英彦をはじめ、森木亮太、末吉奈津紀、長谷川優子らに終始手伝ってもらいました。

さらに、本書の出版を快く引き受けていただいた新泉社の石垣雅設社長、竹内将彦編集長には多大なお世話になりました。ここに記してお礼申し上げます。

二〇〇六年八月

大田昌秀

著者紹介

大田昌秀（おおた・まさひで）

1925年、沖縄県久米島に生まれる。1945年、沖縄師範学校に在学中、鉄血勤皇隊の一員として沖縄戦に動員され、九死に一生を得て生還する。1954年、早稲田大学を卒業、米国シラキュース大学大学院終了。琉球大学法文学部教授、同学部長を歴任するかたわら、ハワイ大学、アリゾナ州立大学などで教授、研究。専攻は社会学、広報学。1990年より沖縄県知事を2期つとめ、2001年より参議院議員。

著書に『沖縄の民衆意識』『醜い日本人』『近代沖縄の政治構造』『沖縄のこころ』『写真記録　これが沖縄戦だ』『有事法制は怖い』『沖縄戦下の米日心理作戦』『沖縄差別と平和憲法』など、多数がある。

写真撮影・提供

伊藤　孝
嘉納辰彦
桑高英彦
糸満市文化課
沖縄県公文書館

死者たちは、いまだ眠れず——「慰霊」の意味を問う

2006年8月15日　第1版第1刷発行

著　者＝大 田 昌 秀

発行所＝株式会社　新 泉 社

東京都文京区本郷2-5-12
電話 03-3815-1662　FAX 03-3815-1422
振替・00170-4-160936番
印刷・萩原印刷　製本・榎本製本
ISBN4-7877-0610-1　C1036